'ଶ୍ରୀମଦ୍ ଭଗବତ୍ ଗୀତା' ପଦ୍ୟାନୁବାଦ

## ଛାନ୍ଦ ଗୀତାମୃତ

'ଶ୍ରୀମଦ୍ ଭଗବତ୍ ଗୀତା' ପଦ୍ୟାନୁବାଦ

# ଛାନ୍ଦ ଗୀତାମୃତ

ଦ୍ୱିତୀୟ ସଂସ୍କରଣ

(୧୪.୦୧.୨୦୨୬ - ମକର ସଂକ୍ରାନ୍ତି)

ଅନୁବାଦ

## ରଞ୍ଜନ କୁମାର ବେହେରା

ବ୍ଲାକ୍ ଇଗଲ୍ ବୁକ୍ସ
ଭୁବନେଶ୍ୱର, ଓଡ଼ିଶା

**BLACK EAGLE BOOKS**
Dublin, USA

ଶ୍ରୀମଦ୍ ଭଗବତ୍ ଗୀତା ପଦ୍ୟାନୁବାଦ: ଛାନ୍ଦ ଗୀତାମୃତ

ଅନୁବାଦ: ରଞ୍ଜନ କୁମାର ବେହେରା, ଆଳି - 9937115319

ବ୍ଲାକ୍ ଈଗଲ୍ ବୁକ୍ସ : ଭୁବନେଶ୍ୱର, ଓଡ଼ିଶା • ଡବ୍‌ଲିନ୍, ଯୁକ୍ତରାଷ୍ଟ୍ର ଆମେରିକା

BLACK EAGLE BOOKS

USA address:
7464 Wisdom Lane
Dublin, OH 43016

India address:
E/312, Trident Galaxy, Kalinga Nagar,
Bhubaneswar-751003, Odisha, India

E-mail: info@blackeaglebooks.org
Website: www.blackeaglebooks.org

First International Edition Published by
BLACK EAGLE BOOKS, 2025

**SHREEMAD BHAGABAT GEETA PADYANUBAAD**
by **Ranjan Kumar Behera**
**Aul, Kendrapara, 9937115319**

Copyright © Ranjan Kumar Behera

All rights reserved. No part of this publication may be reproduced, stored in a retrieval system, or transmitted, in any form or by any means, electronic, mechanical, photocopying, recording or otherwise without the prior permission of the publisher.

Cover & Interior Design: Ezy's Publication

ISBN- 978-1-64560-806-6 (Paperback)

Printed in the United States of America

ଓଁ ଶ୍ରୀ ଗୁରବେ ନମଃ !

ହରିଓଁ !

# ଭୂମିକା

*'ଗୀତାସୁଗୀତା କର୍ତ୍ତବ୍ୟା କିମନ୍ୟୈଃ ଶାସ୍ତ୍ର ବିସ୍ତରୈଃ*
*ଯା ସ୍ୱୟଂ ପଦ୍ମନାଭସ୍ୟ ମୁଖପଦ୍ମାତ୍ ବିନିଃସୃତା ॥'*

ପ୍ରିୟ,

ଦିବ୍ୟ ଆତ୍ମନ୍!

ଯୁଗେଯୁଗେ ସନାତନ ଧର୍ମର ସର୍ବଶ୍ରେଷ୍ଠ ଯୋଗଶାସ୍ତ୍ର ଏହି 'ଶ୍ରୀମଦ୍ ଭଗବତ୍ ଗୀତା' ଉପନିଷଦ ମାନବ ସମାଜର ଅଶେଷ କଲ୍ୟାଣ ସାଧନ କରିଆସିଛି। ଆଜିର ସମସ୍ୟା-ବହୁଳ ବସ୍ତୁବାଦ୍ ସମାଜରେ ଏହି ପରମ ଶାସ୍ତ୍ର ଅଖଣ୍ଡ ସୁଖର ସମାଧାନ ପ୍ରଦାନ କରିବା ଦିଗରେ ଅକାଟ୍ୟ ସାବ୍ୟସ୍ତ ହୋଇଛି।

ଆଜିର ବସ୍ତୁବାଦୀ ମାନବ ସୁଖର ସନ୍ଧାନରେ ପ୍ରକୃତ ଅନ୍ତଃସୁଖକୁ ଆଡ଼େଇ ଦେଇ କେବଳ ବାହ୍ୟ ଅବଲମ୍ବନରେ ସୁଖ ଖୋଜି ନୟାନ୍ତ ଓ ହତାଶ। ସୁଖ ଯେ କେବଳ ଏକ ମାନସିକ ଅବସ୍ଥା, ଯାହା ମଣିଷର ବାହାରେ ନଥାଏ, ଥାଏ ଅନ୍ତରରେ। ଏକଥା ପାଶୋରି ବସ୍ତୁ ସଂଗ୍ରହ ପାଇଁ ଅର୍ଥ ଯୋଗାଡ଼ରେ ମାତି ଜନ୍ମ ପରେ ଜନ୍ମ ବରବାଦ୍ କରିଚାଲିଛି।

ଏହି ପରିପ୍ରେକ୍ଷୀରେ ଭ୍ରମକ୍ଳାନ୍ତ, ହତାଶ ମାନବକୁ ସତ୍-ସୁଖର ଅନୁଭବ ଉପଲବ୍ଧ କରାଇବାକୁ ଆଜି ଗୀତାର ଆବଶ୍ୟକତା ଅନିର୍ବାଯ୍ୟ।

ହେ ପ୍ରିୟ ବନ୍ଧୁ!

ବିଶ୍ୱ ବ୍ରହ୍ମାଣ୍ଡର ସର୍ବଶ୍ରେଷ୍ଠ ମନୋବୈଜ୍ଞାନିକ, ମନୋଚିକିତ୍ସକ ପରମାତ୍ମା ଭଗବାନ ଶ୍ରୀକୃଷ୍ଣ ସ୍ୱୟଂ ଏହି ଅମୃତମୟ ଉପାୟ ଅର୍ଜୁନଙ୍କୁ ଉପଲକ୍ଷ କରି ପ୍ରତ୍ୟେକ ମଣିଷ ପାଇଁ ବତେଇଛନ୍ତି।

ଅତଏବ, ଆସନ୍ତୁ! ଆମେ ଗୀତା ପଢ଼ି ବୁଝି ପ୍ରତ୍ୟେକେ ନିଜନିଜ ବ୍ୟକ୍ତିଗତ ସମସ୍ୟାର ସମାଧାନର ସୂତ୍ର ପ୍ରାପ୍ତହୋଇ ପରମ ଅଖଣ୍ଡ ସୁଖ ଲାଭ କରିବା ସହିତ ଏକ ସୁସ୍ଥ, ସୁନ୍ଦର ଓ ସୌହାର୍ଦ୍ଦ୍ୟପୂର୍ଣ୍ଣ ସମାଜ ଗଠନରେ ବ୍ରତୀ ହେବା।

ମହାନ୍ ଋଷି, କାବ୍ୟକାର ବାଦରାୟଣ ବେଦବ୍ୟାସ ଏହି ଗ୍ରନ୍ଥ ସଂସ୍କୃତରେ ରଚନା କରିଥିବାରୁ ଏହାକୁ ବୁଝିବାରେ ସାମାନ୍ୟ କ୍ଲିଷ୍ଟତା ଅବଶ୍ୟ ରହିଛି । ତେବେ ଭଗବତ ଶରଣ-ପୂର୍ବକ ଶ୍ରଦ୍ଧା ସହକାରେ ପାଠକଲେ ଏ ଗ୍ରନ୍ଥ ସ୍ୱୟଂ ନିଜକୁ ସହଜଭାବେ ପାଠକ ଚେତନାରେ ଉଦ୍ଭାସିତ କରାଇବେ । ଏହା ଏ ଅନୁବାଦକର ବାରମ୍ବାର ଅନୁଭବ ।

ଏହି ପରମ ଶାସ୍ତ୍ର ସାଧାରଣ ବୋଧଗମ୍ୟ ଓ ଆଦୃତ ହେବା ଦିଗରେ ଏହାକୁ ଭଗବାନ ଏ ଅକିଞ୍ଚନ ଦ୍ୱାରା ପଦ୍ୟରେ 'ଛାନ୍ଦ ଗୀତାମୃତ' ନାମରେ ଏକ ସରଳ ଅନୁବାଦ କରାଇଛନ୍ତି । ଅଧମ ବିଲୁପ୍ତ-ପ୍ରାୟ କୋଡ଼ିଏଟି ଓଡ଼ିଆ ରାଗ ରାଗିଣୀ ପ୍ରୟୋଗ କରି, ଗୀତାର ଅଠରଟି ଅଧ୍ୟାୟକୁ ପଦ୍ୟାନୁବାଦ କରିବାକୁ ପ୍ରଚେଷ୍ଟା କରିଛି ।

ଏହି ଅବସରରେ ଏ ଅଧ୍ୟାତ୍ମ ଯାତ୍ରାପଥରେ ସହଚର ସାଜି ବିଭିନ୍ନମତେ ମୋତେ ସହାୟତା ପ୍ରଦାନ କରିଥିବା ସମସ୍ତ ବନ୍ଧୁମାନଙ୍କ ନିକଟରେ ମୁଁ ଚିର କୃତଜ୍ଞତା ଜ୍ଞାପନ କରୁଛି ।

ସାତଶହ ଶ୍ଳୋକବିଶିଷ୍ଟ ଏହି ଗ୍ରନ୍ଥ ମାନବ ସମାଜର ସାତଶହ ଜନ୍ମର କାହିଁକି ଜନ୍ମ ଜନ୍ମାନ୍ତରର ଭ୍ରମ ଦୂର କରାଇ ସତ୍ ମାର୍ଗରେ ପ୍ରେରିତ କରିବା ଦିଗରେ ସର୍ବୋତ୍କୃଷ୍ଟ ସାବ୍ୟସ୍ତ ହୋଇଥିବାରୁ, ଏହି ପଦ୍ୟାନୁବାଦ ମଧ୍ୟ ପାଠକର ନିଶ୍ଚିତ ମଙ୍ଗଳ ବିଧାନ କରିବାରେ ସହାୟକ ହେବ ।

- ଅନୁବାଦକ

ଓଁ ଶାନ୍ତିଃ ଶାନ୍ତିଃ ଶାନ୍ତିଃ !

PRAJNANA MISSION प्रज्ञान मिशन

Regd. No. 15540/314 Date : 12.02.1999

**Paramahamsa Prajnanananda**
**Spiritual Head,**
**International Kriya Yoga**

ଗୀତା ଏକ ଜୀବନ ଗ୍ରନ୍ଥ। ଏଥିରେ ସବୁ ଉପନିଷଦ ତଥା ଶାସ୍ତ୍ରର ସାରତତ୍ତ୍ୱ ଭରି ରହିଛି। ପଥଭୁଲା ପଥିକର ମାର୍ଗଦର୍ଶକ ଗୀତା। ଜୀବନର କୁରୁକ୍ଷେତ୍ରରେ ଦଣ୍ଡାୟମାନ ମନୁଷ୍ୟକୁ କର୍ତ୍ତବ୍ୟଜ୍ଞାନ ପ୍ରଦାନ କରେ ଗୀତା। ଜୀବନ ଯାତ୍ରାରେ ସବୁ ଝଡ଼ଝଞ୍ଜା ବା ଶୀତ ଓ ଗ୍ରୀଷ୍ମର ପ୍ରଭାବକୁ ପ୍ରତିହତ କରି ଆଗେଇ ଯିବାର ସାମର୍ଥ୍ୟ ଯୋଗାଏ ଗୀତା। ଏହା ମନୁଷ୍ୟ ମଧ୍ୟରେ ସୃଷ୍ଟିକରେ ଆତ୍ମବିଶ୍ୱାସ।

*“ଗୀତା ସୁଗୀତା କର୍ତ୍ତବ୍ୟା କିମନ୍ୟୈଃ ଶାସ୍ତ୍ରସଂଗ୍ରହୈଃ।*
*ଯା ସ୍ୱୟଂ ପଦ୍ମନାଭସ୍ୟ ମୁଖପଦ୍ମାଦ୍ ବିନିଃସୃତା ॥”*

ଶ୍ରୀମଦ୍ ଭଗବଦ୍ ଗୀତା ଭଗବାନଙ୍କ ମୁଖନିଃସୃତ ବାଣୀ। ତେଣୁ ଗୀତାର ଶ୍ଳୋକକୁ ଭଲ ଭାବରେ ଶ୍ରବଣ, କୀର୍ତ୍ତନ, ପଠନ-ପାଠନ, ମନନ କରି ସେଇ ଅନୁଯାୟୀ ଜୀବନଯାପନ କରିବା ଉଚିତ।

ଗୀତା ଭଗବାନଙ୍କ ହୃଦୟ। ଏଥିରେ ଆଦର୍ଶ ଜୀବନ ଜୀଇଁବାର ସୂତ୍ର ଭରି ରହିଛି। ଗୀତାର ଉପଦେଶ - “ଫଳରେ ଆସକ୍ତ ନ ହୋଇ ନିଜର କର୍ତ୍ତବ୍ୟକୁ ନିଷ୍ଠାର ସହିତ ପାଳନ କରିବା।”

ଭଗବଦ୍ ଗୀତା ଏକ କାଳଜୟୀ ଧର୍ମଶାସ୍ତ୍ର, ଏକ ଦାର୍ଶନିକ ଗ୍ରନ୍ଥ, ଏକ ଗୂଢ଼ାର୍ଥ ବିଶିଷ୍ଟ ପୁସ୍ତକ, ଏକ ଲୋକପ୍ରିୟ କାବ୍ୟ ଓ ନୀତିଶାସ୍ତ୍ର। ଏହା ସାଧକମାନଙ୍କ ପାଇଁ ଯୋଗ ଓ ପ୍ରଜ୍ଞାର ଏକ ପାଠ୍ୟପୁସ୍ତକ। ଗୀତାର ଅନେକ ଅନୁବାଦ ଓଡ଼ିଆ ଭାଷାରେ ହୋଇଛି। ଗଦ୍ୟାନୁବାଦ, ପଦ୍ୟାନୁବାଦ ଓ ଛନ୍ଦୋବଦ୍ଧ ଭାବରେ ଅନେକ ଗୀତା ଅନୁବାଦ ଓଡ଼ିଆ ଭାଷାରେ ଉପଲବ୍ଧ। ପଞ୍ଚସଖା ଯୁଗୀୟ ଜଗନ୍ନାଥ ଦାସ, ବଳରାମ ଦାସ ଆଦି ମଧ୍ୟ ଗୀତାନୁବାଦ କରିଛନ୍ତି। ପୁଣି ଫକୀରମୋହନଙ୍କ ଠାରୁ ଅଦ୍ୟାବଧି ଅସଂଖ୍ୟ କବି ଓ ଲେଖକ ଉତ୍କଳାନୁବାଦ କରିଛନ୍ତି ଓ କରୁଛନ୍ତି। ତଥାପି ଗୀତାର ମହିମା ଏପରି ଯେ ସମୁଦ୍ର ମନ୍ଥନରୁ ଅମୃତ ବାହାରିବା ପରି ଏହା ମନୁଷ୍ୟକୁ ଅମୃତ ପ୍ରଦାନ କରିଚାଲିଛି।

ଓଡ଼ିଆ ଭାଷାବିତ୍ ରଞ୍ଜନ କୁମାର ବେହେରା କରିଥିବା ଗୀତାର ପଦ୍ୟାନୁବାଦ ‘ଛାନ୍ଦ ଗୀତାମୃତ’ ପାଠକମାନଙ୍କ ଦ୍ୱାରା ଆଦୃତ ହେଉ ଏତିକି ପ୍ରାର୍ଥନା।

ତା।୧୧.୦୩.୨୦୨୫ ଶ୍ରଦ୍ଧାର ସହ

ହରିହରାନନ୍ଦ ଗୁରୁକୁଲମ୍, ପୁରୀ

ॐ
SWAMI BRAHMASAKSHATKARANANDA SARASWATI
"The Divine Life Society"
H.Q. Rishikesh, Uttarakhand
Mob.No.:-7906140900, 9437303271

"ବସୁଦେବ ସୁତଂ ଦେବଂ କଂସ ଚାଣୁର ମର୍ଦ୍ଦନମ୍
ଦେବକୀ ପରମାନନ୍ଦଂ, କୃଷ୍ଣଂ ବନ୍ଦେ ଜଗତଗୁରୁମ୍ ॥" (୮)

ଆତ୍ମ ସ୍ୱରୂପ ରଞ୍ଜନଜୀ !

ହରିଓଁ ! ଓଁ ନମୋ ନାରାୟଣାୟ !

ତୁମର ବାର୍ତ୍ତା ପାଇ ଅତ୍ୟନ୍ତ ଖୁସି ହେଲି । ଶ୍ରୀମଦ୍ ଭଗବତ୍ ଗୀତାରେ ନିଜେ ସ୍ୱୟଂ ଭଗବାନ କହୁଛନ୍ତି -

"ନ ଚ ତସ୍ମାନ୍ମନୁଷ୍ୟେଷୁ କଶ୍ଚିନ୍ମେପ୍ରିୟକୃତମଃ ।" (୧୮/୬୯)

ତାଙ୍କଠାରୁ ବଡ଼ ହୋଇ ମୋର ପ୍ରିୟକାର୍ଯ୍ୟ କରୁଥିବା ବ୍ୟକ୍ତି ମନୁଷ୍ୟମାନଙ୍କ ମଧ୍ୟରେ ଆଉ କେହି ନାହିଁ । ତେଣୁ ତୁମେ ପ୍ରଭୁଙ୍କର ପ୍ରିୟ ଏବଂ ଧନ୍ୟବାଦର ପାତ୍ର ଅଟ ।

ସଦ୍‌ଗୁରୁ ସ୍ୱାମୀ ଚିଦାନନ୍ଦଜୀ ମହାରାଜ ଗୀତା ବିଷୟରେ ପ୍ରବଚନ ଦେଲାବେଳେ ପ୍ରଥମ ବାକ୍ୟର ପ୍ରଥମାର୍ଦ୍ଧକୁ ଉଦ୍ଧୃତ କରି କହନ୍ତି "ଧର୍ମକ୍ଷେତ୍ରେ କୁରୁକ୍ଷେତ୍ରେ" - "କ୍ଷେତ୍ରେ କ୍ଷେତ୍ରେ ଧର୍ମ କୁରୁ" ଏହାହିଁ ଆଜିର ସମାଜ ପାଇଁ ଶ୍ରେଷ୍ଠ ସନ୍ଦେଶ । ତେଣୁ ପ୍ରତ୍ୟେକ କ୍ଷେତ୍ରରେ ନିଜକୁ ନିମିତ୍ତ କରି କର୍ତ୍ତବ୍ୟବୋଧ ଜ୍ଞାନରେ ଶାସ୍ତ୍ର ଉପଦେଶକୁ ଅବଲମ୍ବନ କରି ସମସ୍ତ କର୍ମ କରି ଫଳଆଶା ନ ରଖି ଯୋଗ ମାର୍ଗରେ ଅଗ୍ରସର ହେବା ଦରକାର ।

ଏହା ହେଉଛନ୍ତି ସାରା ବିଶ୍ୱର ଅଦ୍ୱିତୀୟ ଦାର୍ଶନିକ ଗ୍ରନ୍ଥ । ଯୁଗୋପଯୋଗୀ ମହାନ୍ ଶାସ୍ତ୍ର । ଅନ୍ଧର ନୟନ ଆଉ ସମସ୍ତଙ୍କର ମାର୍ଗଦର୍ଶକ ଓ ପଥପ୍ରଦର୍ଶକ । ସମସ୍ତ ଉପନିଷଦମାନଙ୍କର ସାରତତ୍ତ୍ୱକୁ ଏକାଠି କରି ପ୍ରଭୁ ନିଜେ ଜ୍ଞାନର ଅବତାର ନେଇ ଶ୍ରୀ କୃଷ୍ଣଦ୍ୱୈପାୟନ ବେଦବ୍ୟାସ ରୂପରେ ପ୍ରକଟ ହୋଇ ଏହାକୁ ସଫଳ କରିଛନ୍ତି । ଅଷ୍ଟାଦଶ ଅଧ୍ୟାୟକୁ ଅଷ୍ଟାଦଶ ଯୋଗ ରୂପରେ ଆମ୍ଭମାନଙ୍କ ସମ୍ମୁଖରେ ଉପସ୍ଥାପିତ କରିଛନ୍ତି । ଧନ୍ୟ ଏହି ଭାରତ ଭୂମି, ଯାହାକି ପ୍ରଭୁଙ୍କର ପ୍ରିୟଭକ୍ତ ଅର୍ଜୁନଙ୍କ ମାଧ୍ୟମରେ ଜୀବର ସମସ୍ତ ବିଷାଦକୁ ପ୍ରସାଦ ରୂପେ ପରିବର୍ତ୍ତିତ କରିଛନ୍ତି । ନିଜେ ଅର୍ଜୁନ ସ୍ୱୀକାର କରି କହୁଛନ୍ତି - "ନଷ୍ଟୋ ମୋହଃ ସ୍ମୃତିର୍ଲବ୍ଧା ତ୍ୱତ୍ ପ୍ରସାଦାନ୍ମୟାଚ୍ୟୁତ" (୧୮/୭୩) ଜୀବର ଶରଣାଗତି ହିଁ ଶ୍ରେଷ୍ଠ ଯୋଗ ।

ଆତ୍ମା ପରମାତ୍ମାଙ୍କ ନିକଟରେ ନର ନାରାୟଣଙ୍କ ପାଖରେ ଓ ଜୀବ ଶିବ ତତ୍ତ୍ୱରେ ବିଲୀନ ହୋଇ ଆତ୍ମାନନ୍ଦ, ଦିବ୍ୟାନନ୍ଦ ଲାଭ କରିପାରିବ। ପ୍ରଭୁ ଏହି ଗୀତା ଶାସ୍ତ୍ରରେ ଅମୃତର ଭଣ୍ଡାର ଭରି ଦେଇଛନ୍ତି। ଯଥା "ଅଦ୍ୱୈତାମୃତବର୍ଷିଣୀ, ଦୁଗ୍ଧଂ ଗୀତମୃତଂ ମହତ୍, ଗୀତାମୃତଦୁହେ ନମଃ" ଇତ୍ୟାଦି।

ଆହୁରି ମଧ୍ୟ, ପ୍ରଭୁ ଏହି ଶାସ୍ତ୍ର ମାଧ୍ୟମରେ ଅନେକ ପ୍ରତିଶ୍ରୁତି ଦେଇଛନ୍ତି। ଆମ୍ଭମାନଙ୍କର ଦୃଢ଼ତା ଓ ବିଶ୍ୱାସ ପାଇଁ ସେ ସବୁ ହେଲା "ନ ମେ ଭକ୍ତଃ ପ୍ରଣଶ୍ୟତି।" (୯/୩୧) ମୋର ଭକ୍ତଙ୍କର ବିନାଶ ହୁଏ ନାହିଁ। "ତସ୍ମାତ୍ ଯୋଗୀ ଭବାର୍ଜୁନ" (୬/୪୬) ତୁମେ ଯୋଗୀ ହୋଇଯାଅ। "ତ୍ୟାଗାତ୍ ଶାନ୍ତି ଅନନ୍ତରମ" (୧୨/୧୨) ତ୍ୟାଗଦ୍ୱାରା ତତ୍କାଳ ପରମ ଶାନ୍ତି ପ୍ରାପ୍ତ ହୁଏ।

ଗୀତା ଶାସ୍ତ୍ରକୁ ଭଗବାନ ବେଦବ୍ୟାସ ଅନୁଷ୍ଟୁପ ଛନ୍ଦରେ ରଚନା କରିଛନ୍ତି।

ପ୍ରିୟ ରଞ୍ଜନଜୀ, ଏହି ମହାନ ଶାସ୍ତ୍ରକୁ ସମସ୍ତଙ୍କ ରୁଚିକୁ ଧ୍ୟାନ ଦେଇ ଅତ୍ୟନ୍ତ ସୁନ୍ଦର ଭାବରେ ଅର୍ଥ ଏବଂ ଭାବକୁ ବିକୃତ ନକରି ଯଥାବତ୍ ଭିନ୍ନ ଭିନ୍ନ ଉତ୍କଳୀୟ ଛନ୍ଦ ମାଧ୍ୟମରେ ପଦ୍ୟାନୁବାଦ କରିଛନ୍ତି। ଯାହା ପ୍ରଭୁଙ୍କ ବିଶେଷ କୃପା। ତାଙ୍କର ଏହି ମହାନ୍ ସାଧନା ଫଳବତୀ ହେଉ। ପଦ୍ୟାନୁବାଦ ଜନମାନସରେ ଅଧିକରୁ ଅଧିକ ଆଦୃତ ହେଉ। ସାଧାରଣ ମଣିଷଟିଏ ଏହାକୁ ସରଳ ଭାବରେ ବୁଝି ହୃଦୟଙ୍ଗମ କରି ଗୀତା ଭଳି ମହାନ ଶାସ୍ତ୍ରକୁ ନିଜ ଜୀବନରେ ପ୍ରୟୋଗ କରି ଜୟଯୁକ୍ତ ହେଉ।

ଶେଷରେ ଜଗତର ନାଥ ଜଗନ୍ନାଥ ମହାପ୍ରଭୁ, ଭଗବାନ ବେଦବ୍ୟାସ ତଥା ସମସ୍ତ ସାଧୁସନ୍ଥ ଏବଂ ମହତ୍‌ଜନଙ୍କର ଆଶୀର୍ବାଦ ରହୁ, ଏହାହିଁ ପ୍ରାର୍ଥନା।

**ହରିଓଁ ତତ୍ ସତ୍**

**ଶ୍ରୀଗୁରୁ ଚାରଣାଶ୍ରିତ**

ତା୦୮.୦୪.୨୦୨୫

ବେଦବ୍ୟାସ, ରାଉରକେଲା

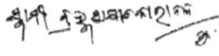

# ଗୁରୁଗୋବିନ୍ଦ ବନ୍ଦନା

ସର୍ବ ଦୁଃଖହା ଗୁରୁ ପଦପଦ୍ମମ୍
ସର୍ବ ଶାନ୍ତିଦା ଗୁରୁ ଆଶ୍ରା ସଦ୍ମମ୍ ।
ଯସ୍ୟ ବାକ୍ୟାମୃତ ଅଖଣ୍ଡାନନ୍ଦମ୍
ନମୋଃ ଶ୍ରୀଗୁରୁ ପ୍ରଜ୍ଞାନାନନ୍ଦଂ ।
ନମୋଃ ଗୁରୁ ଶ୍ରୀଚରଣାରବିନ୍ଦମ୍ ।
ନମୋନମଃ ଶ୍ରୀ ପ୍ରଜ୍ଞାନାନନ୍ଦଂ ।। (୧)

ଧର୍ମକ୍ଷେତ୍ରେ ଯଃ ପାଞ୍ଚଜନ୍ୟ କରମ୍
ମନେନ୍ଦ୍ରିୟାଶ୍ୱ ତୀବ୍ର ତୋତ୍ତ୍ରଧରଂ ।
ଘୋର ରଣାଙ୍ଗନେ ହସିତ ସ୍ମିତମ୍
ନମାମି ପାର୍ଥସାରଥୀ ଶ୍ରୀକୃଷ୍ଣଂ । (୨)

# ଉତ୍ସର୍ଗ

ବାପା !

ଊଣେଇଶ ସତୁରୀ ଦଶକର ସେ ଘୋର ଦୁର୍ଦ୍ଦିନମାନଙ୍କରେ ହାଡ଼ଭାଙ୍ଗି ଆମ ଚାରି ଭାଇ ଭଉଣୀଙ୍କୁ ବଡ଼ କଷ୍ଟରେ କେବଳ ଯେ ଦାନା ଗଣ୍ଡାଏ ଦେଇ ବଞ୍ଚାଇ ରଖିଥିଲ, ତାହାନୁହେଁ, ନିଜେ ପେଟରେ ଓଦାକନା ଦେଇ ଆମକୁ ଶିକ୍ଷାଲାଭ ଦିଗରେ ମଧ୍ୟ ବହୁ ଭାବରେ ପ୍ରେରିତ କରିଥିଲ ।

ବୋଉ !

ତୁ ବାପାଙ୍କ ସାଥିରେ ପୁରୁଷଜନୋଚିତ ଚାଷକାମ କରି, ସେହି ସୀମାହୀନ ଦାରିଦ୍ର୍ୟ ସତ୍ତ୍ୱେ ଆମକୁ ଅଧ୍ୟାତ୍ମ ଦିଗରେ ବାଟ କଢ଼େଇ ନେଇଥିଲୁ ବୋଲି ସିନା ଆଜି ଏ ଭକ୍ତି ନୈବେଦ୍ୟ ଖଣ୍ଡିକ ସମ୍ଭବ ହେଇପାରିଲା ।

ଜନ୍ମଜନ୍ମାନ୍ତର ତୁମରି କୋଳ ଆଶାକରି ଏହି 'ଛାନ୍ଦ ଗୀତାମୃତ' ପୁସ୍ତକ ଖଣ୍ଡକ ତୁମରି ସ୍ମୃତି ଉଦ୍ଦେଶ୍ୟରେ ନିବେଦନ କରୁଛି ।

॥ ଇତି ॥

ତୋର ଇହଜନ୍ମର 'ପାଗଳା'

ବାପାଙ୍କର 'ବୁଢ଼ା'

# ଗୀତା ମହାତ୍ମ୍ୟ

ଓଁ ଗୀତାଶାସ୍ତ୍ରମିଦଂ ପୁଣ୍ୟଂ ଯଃ ପଠେତ୍ ପ୍ରଯତଃ ପୁମାନ୍
ବିଷ୍ଣୋଃ ପଦମବାପ୍ନୋତି ଭୟ ଶୋକାଦି ବର୍ଜିତଃ ॥ (୧)

ଗୀତାଧ୍ୟୟନଶୀଲସ୍ୟ ପ୍ରାଣାୟାମ ପରସ୍ୟ ଚ
ନୈବ ସନ୍ତି ହି ପାପାନି ପୂର୍ବଜନ୍ମକୃତାନି ଚ ॥ (୨)

ମଳ ନିର୍ମୋଚନଂ ପୁଂସାଂ ଜଳସ୍ନାନଂ ଦିନେଦିନେ
ସକୃଦ୍ ଗୀତାମ୍ଭସି ସ୍ନାନଂ ସଂସାର ମଳନାଶନମ୍ ॥ (୩)

ଗୀତା ସୁଗୀତା କର୍ତ୍ତବ୍ୟା କିମନ୍ୟୈଃ ଶାସ୍ତ୍ରବିସ୍ତରୈଃ
ଯା ସ୍ୱୟଂ ପଦ୍ମନାଭସ୍ୟ ମୁଖପଦ୍ମାତ୍ ବିନିଃସୃତା ॥ (୪)

ଭାରତାମୃତସର୍ବସ୍ୱଂ ବିଷ୍ଣୋର୍ବକ୍ତ୍ରାତ୍ ବିନିଃସୃତମ୍
ଗୀତା ଗଙ୍ଗୋଦକଂ ପିତ୍ୱା ପୁନର୍ଜନ୍ମ ନବିଦ୍ୟତେ ॥ (୫)

ସର୍ବୋପନିଷଦୋ ଗାବୋ ଦୋଗ୍ଧା ଗୋପାଳନନ୍ଦନଃ
ପାର୍ଥୋ ବତ୍ସଃ ସୁଧୀର୍ଭୋକ୍ତା ଦୁଗ୍ଧଂ ଗୀତାମୃତଂ ମହତ୍ ॥ (୬)

ଏକଶାସ୍ତ୍ର ଦେବକୀପୁତ୍ର ଗୀତମ୍ ଏକଦେବୋ ଦେବକୀପୁତ୍ର ଏବ
ଏକୋ ମନ୍ତ୍ରସ୍ତସ୍ୟ ନାମାନି ଯାନି କର୍ମାପ୍ୟେକଂ ତସ୍ୟ ଦେବସ୍ୟ ସେବା ॥ (୭)

# କରନ୍ୟାସଃ

ଓଁ ଅସ୍ୟ ଶ୍ରୀମତ୍ ଭଗବତ୍ ଗୀତାମାଲାମନ୍ତ୍ରସ୍ୟ ଭଗବାନ୍ ବେଦବ୍ୟାସ ଋଷିଃ ।
ଅନୁଷ୍ଟୁପ୍ ଛନ୍ଦଃ ଶ୍ରୀକୃଷ୍ଣଃ ପରମାତ୍ମା ଦେବତା ।
ଅଶୋଚ୍ୟାନନ୍ୱଶୋଚସ୍ତ୍ୱଂ ପ୍ରଜ୍ଞାବାଦାଂଶ୍ଚ ଭାଷସେ ଇତି ବୀଜମ୍ ।
ସର୍ବଧର୍ମାନ୍ ପରିତ୍ୟଜ୍ୟ ମାମେକଂ ଶରଣଂ ବ୍ରଜ ଇତି ଶକ୍ତିଃ ।
ଅହଂ ତ୍ୱା ସର୍ବପାପେଭ୍ୟୋ ମୋକ୍ଷୟିଷ୍ୟାମି ମା ଶୁଚ ଇତି କୀଲକମ୍ ।
ନୈନଂ ଛିନ୍ଦନ୍ତି ଶସ୍ତ୍ରାଣି ନୈନଂ ଦହତି ପାବକ ଇତ୍ୟଙ୍ଗୁଷ୍ଠାଭ୍ୟାଂ ନମଃ ।
ନ ଚୈନଂ କ୍ଲେଦୟନ୍ତ୍ୟାପୋ ନ ଶୋଷୟତି ମାରୁତ ଇତି ତର୍ଜନୀଭ୍ୟାଂ ନମଃ ।
ଅଚ୍ଛେଦ୍ୟୋଽୟମଦାହ୍ୟୋଽୟମକ୍ଲେଦ୍ୟୋଽଶୋଷ୍ୟ ଏବ ଚ ଇତି ମଧ୍ୟମାଭ୍ୟାଂ ନମଃ ।
ନିତ୍ୟଃ ସର୍ବଗତଃ ସ୍ଥାଣୁରଚଲୋୟଂ ସନାତନ ଇତି ଅନାମିକାଭ୍ୟାଂ ନମଃ ।
ପଶ୍ୟ ମେ ପାର୍ଥ ରୂପାଣି ଶତଶୋଥ ସହସ୍ରଶ ଇତି କନିଷ୍ଠିକାଭ୍ୟାଂ ନମଃ ।
ନାନାବିଧାନି ଦିବ୍ୟାନି ନାନାବର୍ଣ୍ଣାକୃତିନୀ ଚ ଇତି କରତଳକରପୃଷ୍ଠାଭ୍ୟାଂ ନମଃ ।
ଇତି କରନ୍ୟାସଃ ॥

# ହୃଦୟାଦି ନ୍ୟାସଃ

ନୈନଂ ଛିନ୍ଦନ୍ତି ଶସ୍ତ୍ରାଣି ନୈନଂ ଦହତି ପାବକ ଇତି ହୃଦୟାୟ ନମଃ ।
ନ ଚୈନଂ କ୍ଲେଦୟାଽନ୍ତ୍ୟାପୋ ନ ଶୋଷୟତି ମାରୁତ ଇତି ଶିରସେ ସ୍ୱାହା ।
ଅଚ୍ଛେଦ୍ୟୋଽୟମଦାହ୍ୟୋଽୟମକ୍ଲେଦ୍ୟୋଽଶୋଷ୍ୟ ଏବ ଚ ଇତି ଶିଖାୟୈ ବୌଷଟ୍ ।
ନିତ୍ୟଃ ସର୍ବଗତଃ ସ୍ଥାଣୁରଚଲୋଽୟଂ ସନାତନ ଇତି କବଚାୟ ହୁମ୍ ।
ପଶ୍ୟ ମେ ପାର୍ଥ ରୂପାଣି ଶତଶୋଽଥସହସ୍ରଶ ଇତି ନେତ୍ରତ୍ରୟାୟ ବୌଷଟ୍ ।
ନାନାବିଧାନି ଦିବ୍ୟାନି ନାନାବର୍ଣ୍ଣାକୃତିନୀ ଚ ଇତି ଅସ୍ତ୍ରାୟ ଫଟ୍ ॥
ଶ୍ରୀକୃଷ୍ଣ ପ୍ରୀତ୍ୟର୍ଥେ ପାଠେ ବିନିଯୋଗଃ ॥

# ଗୀତା ଧ୍ୟାନ

ଓଁ ପାର୍ଥାୟ ପ୍ରତିବୋଧିତାଂ ଭଗବତା ନାରାୟଣେନ ସ୍ୱୟଂ
ବ୍ୟାସେନ ଗ୍ରଥିତାଂ ପୁରାଣମୁନିନା ମଧ୍ୟେ ମହାଭାରତମ୍ ।
ଅଦ୍ୱୈତାମୃତବର୍ଷିଣୀଂ ଭଗବତୀମ୍ ଅଷ୍ଟାଦଶାଧ୍ୟାୟିନୀମ୍
ଅମ୍ବ ତ୍ୱାମନୁସନ୍ଦଧାମି ଭଗବତ୍ ଗୀତେ ଭବଦ୍ୱେଷିଣୀମ୍ ॥ (୧)

ନମୋଽସ୍ତୁତେ ବ୍ୟାସ ବିଶାଲବୁଦ୍ଧେ ଫୁଲ୍ଲାରବିନ୍ଦାୟତପତ୍ର ନେତ୍ର
ଯେନତ୍ୱୟା ଭାରତତୈଳପୂର୍ଣ୍ଣଃ ପ୍ରଜ୍ୱଳିତୋ ଜ୍ଞାନମୟଃ ପ୍ରଦୀପଃ ॥ (୨)

ପ୍ରପନ୍ନ ପାରିଜାତାୟ ତୋତ୍ତ୍ରବେତ୍ରୈକପାଣୟେ
ଜ୍ଞାନମୁଦ୍ରାୟ କୃଷ୍ଣାୟ ଗୀତାମୃତ ଦୁହେ ନମଃ ॥ (୩)

ବସୁଦେବ ସୁତଂ ଦେବଂ କଂସ ଚାଣୂର ମର୍ଦ୍ଦନମ୍
ଦେବକୀ ପରମାନନ୍ଦଂ କୃଷ୍ଣଂ ବନ୍ଦେ ଜଗତଗୁରୁମ୍ ॥ (୪)

ଭୀଷ୍ମଦ୍ରୋଣତଟା ଜୟଦ୍ରଥ ଜଳା ଗାନ୍ଧାର ନୀଳୋତ୍ପଳା
ଶଲ୍ୟ ଗ୍ରାହବତୀ କୃପେଣ ବହନୀ କର୍ଣ୍ଣେନ ବେଳାକୁଳା
ଅଶ୍ୱତ୍ଥାମା ବିକର୍ଣ୍ଣ ଘୋର ମକରା ଦୁର୍ଯ୍ୟୋଧନାବର୍ତ୍ତିନୀ
ସୋତ୍ତୀର୍ଣ୍ଣା ଖଳୁପାଣ୍ଡବୈ ରଣନଦୀ କୈବର୍ତ୍ତକଃ କେଶବଃ ॥ (୫)

ପାରାଶର୍ଯ୍ୟବଚଃ ସରୋଜମମଲମ୍ ଗୀତାର୍ଥ ଗନ୍ଧୋତ୍କଟଂ
ନାନାଖ୍ୟାନକକେସରଂ ହରିକଥା ସମ୍ବୋଧନାବୋଧିତମ୍ ।
ଲୋକେ ସଜ୍ଜନଷଟପଦୈ ଅହରହଃ ପେପୀୟମାନଂ ମୁଦା
ଭୂୟାତ୍ ଭାରତପଙ୍କଜଂ କଳିମଳପ୍ରଧ୍ୱଂସିନଃ ଶ୍ରେୟସେ ॥ (୬)

ମୂକଂ କରୋତି ବାଚାଲମ୍ ପଂଗୁଂ ଲଙ୍ଘୟତେ ଗିରିମ୍
ଯତ୍କୃପା ତମହଂ ବନ୍ଦେ ପରମାନନ୍ଦ ମାଧବମ୍ ॥ (୭)

ସ୍ୱାମୀ ବ୍ରହ୍ମ ସାକ୍ଷାତକାରାନନ୍ଦଜୀ
(ମୋର ଆଧ୍ୟାତ୍ମିକ ମାର୍ଗଦର୍ଶକ)

## ଅଷ୍ଟାଦଶ ଅଧ୍ୟାୟ – ଅଷ୍ଟାଦଶ ଯୋଗ

ବିଷାଦ, ସାଂଖ୍ୟ, କର୍ମ ଯୋ, ଜ୍ଞାନକର୍ମ ସନ୍ନ୍ୟାସ ଯୋ
କର୍ମ ସନ୍ନ୍ୟାସ, ଆତ୍ମସଂ, ଜ୍ଞାନବିଜ୍ଞାନ, ଅକ୍ଷର
ରାଜବିଦ୍ୟା, ବିଭୂତି ଯୋ, ବିଶ୍ୱରୂପ, ଭକ୍ତି, କ୍ଷେତ୍ର
ଗୁଣତ୍ରୟ, ପୁରୁଷୋତ୍ତମ୍, ଦୈବାସୁର, ଶ୍ରଦ୍ଧା, ମୋକ୍ଷ ।।

# ସୂଚୀପତ୍ର

୧. ପ୍ରଥମ ଅଧ୍ୟାୟ - (୪୭ ଶ୍ଲୋକ) ୨୧

ଅର୍ଜୁନ ବିଷାଦ ଯୋଗ ( ରାଗ - କଳସା)

୨. ଦ୍ୱିତୀୟ ଅଧ୍ୟାୟ - (୭୨ ଶ୍ଲୋକ) ୨୭

ସାଂଖ୍ୟ ଯୋଗ (ରାଗ - ରାମକେରୀ)

୩. ତୃତୀୟ ଅଧ୍ୟାୟ - (୪୩ ଶ୍ଲୋକ) ୩୬

କର୍ମଯୋଗ (ରାଗ - କଳହଂସ କେଦାର)

୪. ଚତୁର୍ଥ ଅଧ୍ୟାୟ - (୪୨ ଶ୍ଲୋକ) ୪୪

ଜ୍ଞାନ କର୍ମ ସନ୍ନ୍ୟାସ ଯୋଗ (ରାଗ - ଚକ୍ରକେଳି)

୫. ପଞ୍ଚମ ଅଧ୍ୟାୟ - (୨୯ ଶ୍ଲୋକ) ୫୨

କର୍ମ ସନ୍ନ୍ୟାସ ଯୋଗ (ରାଗ - ଜୟନ୍ତ)

୬. ଷଷ୍ଠ ଅଧ୍ୟାୟ - (୪୭ ଶ୍ଲୋକ) ୫୮

ଆତ୍ମ୍ ସଂଯମ ଯୋଗ (ରାଗ - ଚୋଖି)

୭. ସପ୍ତମ ଅଧ୍ୟାୟ - (୩୦ଶ୍ଲୋକ) ୬୫

ଜ୍ଞାନ ବିଜ୍ଞାନ ଯୋଗ (ରାଗ - ଶଙ୍କରାଭରଣ)

୮. ଅଷ୍ଟମ ଅଧ୍ୟାୟ - (୨୮ ଶ୍ଲୋକ) ୭୧

ଅକ୍ଷରବ୍ରହ୍ମ ଯୋଗ (ରାଗ - ରସକୂଲ୍ୟା)

୯. ନବମ ଅଧ୍ୟାୟ - (୩୪ ଶ୍ଲୋକ) ୭୫

ରାଜବିଦ୍ୟା ରାଜଗୁହ୍ୟ ଯୋଗ (ରାଗ - ଆଷାଢ଼ଶୁକ୍ଳ)

୧୦. ଦଶମ ଅଧ୍ୟାୟ - (୪୨ ଶ୍ଲୋକ) ୮୧

ବିଭୂତି ଯୋଗ (ରାଗ ଖଣ୍ଡିତା ଓ ପଞ୍ଚମ ବରାଢ଼ି)

୧୧. ଏକାଦଶ ଅଧ୍ୟାୟ - (୫୫ ଶ୍ଲୋକ) ୮୯

ବିଶ୍ୱରୂପ ଦର୍ଶନ ଯୋଗ (ରାଗ- ବଙ୍ଗଳାଶ୍ରୀ)

୧୨. ଦ୍ୱାଦଶ ଅଧ୍ୟାୟ - (୨୦ ଶ୍ଲୋକ) ୧୦୨

ଭକ୍ତିଯୋଗ (ରାଗ - କୁମ୍ଭ କାମୋଦୀ)

| | | |
|---|---|---|
| ୧୩. | ତ୍ରୟୋଦଶ ଅଧ୍ୟାୟ - (୩୪ ଶ୍ଳୋକ) | ୧୦୭ |
| | କ୍ଷେତ୍ର କ୍ଷେତ୍ରଜ୍ଞ ବିଭାଗ ଯୋଗ (ରାଗ - ନଳିନୀ ଗୌଡ଼ା) | |
| ୧୪. | ଚତୁର୍ଦ୍ଦଶ ଅଧ୍ୟାୟ - (୨୭ ଶ୍ଳୋକ) | ୧୧୪ |
| | ଗୁଣତ୍ରୟ ବିଭାଗ ଯୋଗ (ରାଗ - ଚିନ୍ତାଭୈରବ) | |
| ୧୫. | ପଞ୍ଚଦଶ ଅଧ୍ୟାୟ - (୨୦ ଶ୍ଳୋକ) | ୧୧୯ |
| | ପୁରୁଷୋତ୍ତମ ଯୋଗ (ଚିନ୍ତା କାମୋଦୀ) | |
| ୧୬. | ଷୋଡ଼ଶ ଅଧ୍ୟାୟ - (୨୪ ଶ୍ଳୋକ) | ୧୨୩ |
| | ଦୈବାସୁର ସମ୍ପଦ ବିଭାଗ ଯୋଗ (ରାଗ - କାମୋଦୀ) | |
| ୧୭. | ସପ୍ତଦଶ ଅଧ୍ୟାୟ - (୨୮ ଶ୍ଳୋକ) | ୧୨୮ |
| | ଶ୍ରଦ୍ଧା ତ୍ରୟ ବିଭାଗ ଯୋଗ (ରାଗ - ଗଡ଼ମାଳିଆ) | |
| ୧୮. | ଅଷ୍ଟାଦଶ ଅଧ୍ୟାୟ (୭୮ ଶ୍ଳୋକ) | ୧୩୩ |
| | ମୋକ୍ଷ ସନ୍ନ୍ୟାସ ଯୋଗ (ରାଗ - କଳସା) | |
| | ଗୀତା ଆରତୀ | ୧୪୭ |
| | ଶାନ୍ତିପାଠ | ୧୪୮ |
| | ସପ୍ତଶ୍ଳୋକୀ ଗୀତା | ୧୪୯ |
| | ଟୀକା | ୧୫୨ |

# ପ୍ରଥମ ଅଧ୍ୟାୟ

## ଅର୍ଜୁନ ବିଷାଦ ଯୋଗ

ରାଗ - କଳସା

"ନମସ୍ତେ କମଳା ମା'ଗୋ ସାଗର ଦୁଲଣୀ" ବୃତ୍ତେ

**ଧୃତରାଷ୍ଟ୍ର ଉବାଚ**

ଧର୍ମକ୍ଷେତ୍ରେ କୁରୁକ୍ଷେତ୍ରେ ହୋଇ ସମବେତ
କି କଲେ ପାଣ୍ଡବ ସଙ୍ଗେ ମୋ ଯୁଦ୍ଧେଚ୍ଛୁ ସୁତ ? (୧)

**ସଞ୍ଜୟ ଉବାଚ**

ପାଣ୍ଡବସଇନ ବ୍ୟୂହ ଦେଖି ଦୁର୍ଯ୍ୟୋଧନ
ଆଚାର୍ଯ୍ୟ ସମୀପେ ରାଜା କରିଲେ ବଖାଣ ॥ (୨)

ହେ ଆଚାର୍ଯ୍ୟ, ଦେଖ ତବ ଶିଷ୍ୟ ବୁଦ୍ଧିମାନ
ଦ୍ରୁପଦନନ୍ଦନ ଦ୍ୱାରା ପାଣ୍ଡବ ସଇନ ॥
ବ୍ୟୁହାକାରେ ସୁସଜ୍ଜିତ ହୋଇ ଏଥିଛନ୍ତି
ବିଶାଳ ସେନାରେ ଧୃଷ୍ଟଦ୍ୟୁମ୍ନ ସେନାପତି ॥ (୩)

ଭୀମାର୍ଜୁନ ସମ ମହାଧନୁର୍ଦ୍ଧର ଛନ୍ତି
ବିରାଟ ଦ୍ରୁପଦ ଯୁଯୁଧାନ ମହାରଥୀ ॥ (୪)

ଧୃଷ୍ଟକେତୁ ଚେକିତାନ ବୀର କାଶୀରାଜ
ନରଶ୍ରେଷ୍ଠ ଶୈବ୍ୟ ପୁରୁଜିତ କୁନ୍ତିଭୋଜ ॥ (୫)

ପରାକ୍ରମୀ ଯୁଦ୍ଧାମନ୍ୟୁ ଉତ୍ତମୌଜା ଆଦି
ସୌଭଦ୍ର ଦ୍ରୌପଦେୟ ଯେ ସର୍ବେ ମହାରଥୀ ॥ (୬)

ମୋ ସଇନେ ମୁଖ୍ୟ ସେନାନାୟକ ଯେ ଛନ୍ତି
ଧ୍ୟାନଦିଅ ଦ୍ୱିଜଶ୍ରେଷ୍ଠ, ତାହା କହୁଅଛି ॥ (୭)

ଆପଣ ପିତାମହ ଯେ କୃପାଚାର୍ଯ୍ୟ କର୍ଣ୍ଣ
ଅଶ୍ୱତ୍ଥାମା ସୌମଦତ୍ତି ଆବର ବିକର୍ଣ୍ଣ ॥ (୮)

ଅନ୍ୟ ବହୁ ଶୂରବୀର ପ୍ରାଣ ଆଶା ଛାଡ଼ି
ମୋ ନିମନ୍ତେ ଯୁଦ୍ଧ ବିଶାରଦେ ଛନ୍ତି ବେଢ଼ି ॥ (୯)

ଭୀଷ୍ମ ରକ୍ଷିତ ଆମର ସେନା ଅପର୍ଯ୍ୟାପ୍ତ
ଭୀମ ସୁରକ୍ଷିତ ତାଙ୍କ ସେନା ତ ପର୍ଯ୍ୟାପ୍ତ ॥ (୧୦)

ଆପଣ ସରବେ ରହି ଯେଝାଯେଝା ସ୍ଥାନ
ସର୍ବଦିଗୁଁ ଭୀଷ୍ମେ କର ସୁରକ୍ଷା ପ୍ରଦାନ ॥ (୧୧)
ପିତାମହ ରାଜା ହୃଦେ ହର୍ଷ ଜାତ ପାଇଁ
ସିଂହନାଦ ପରି ଶଙ୍ଖ ଦେଲେକ ବଜାଇ ॥ (୧୨)

(୧୩)

ତାହାପରେ ଶଙ୍ଖ ଭେରୀ ଢୋଲ ଶିଙ୍ଗା ବାଦ୍ୟ
ଏକସଙ୍ଗେ ବାଜି ହେଲା ତୁମୂଳ ଶବଦ ॥ (୧୩)

ଶ୍ୱେତ ଅଶ୍ୱ ଯୋଚା ଦିବ୍ୟ ରଥପରେ ଥାଇ
ମାଧବ ପାଣ୍ଡବ ଶଙ୍ଖ ବଜାଇଲେ ନେଇ ॥ (୧୪)

ହୃଷିକେଶ ଦିବ୍ୟ ପାଞ୍ଚଜନ୍ୟ ବଜାଇଲେ
ଦେବଦତ୍ତ ଶଙ୍ଖ ଧନଞ୍ଜୟ ଯେ ବାଇଲେ ।
ପୌଣ୍ଡ୍ର ମହାଶଙ୍ଖ ଭୀମକର୍ମା ବୃକୋଦର
ଅନନ୍ତ ବିଜୟ ଶଙ୍ଖ ରାଜା ଯୁଧିଷ୍ଠିର । (୧୫)

ନକୁଳ ସୁଘୋଷ ଶଙ୍ଖ ନେଇ ବଜାଇଲେ
ସହଦେବ ମଣିପୁଷ୍ପ ଶଙ୍ଖ ନାଦକଲେ ॥ (୧୬)

ମହାଧନୁର୍ଦ୍ଧର କାଶୀରାଜ ମହାରଥୀ
ଶିଖଣ୍ଡି ଯେ ଧୃଷ୍ଟଦ୍ୟୁମ୍ନ ବିରାଟ ସାତ୍ୟକି ॥ (୧୭)

ଦ୍ରୁପଦ ଦ୍ରୌପଦେୟ ଯେ ସୁଭଦ୍ରା ନନ୍ଦନ
ନିଜନିଜ ଶଙ୍ଖ ବଜାଇଲେ ହେ ରାଜନ ॥ (୧୮)

ସେହିନାଦେ ପ୍ରକମ୍ପିତ ପୃଥିବୀ ଗଗନ
କରିଦେଲା କଉରବ ହୃଦୟ ବିଦୀର୍ଣ୍ଣ ॥ (୧୯)

ଏମନ୍ତେ ଅସ୍ତ୍ରଚାଳନା ପାଇଁ ବ୍ୟବସ୍ଥିତ
ଧୃତରାଷ୍ଟ୍ର ସମର୍ଥକ ସମର ଉଦ୍ୟତ ।
କପିଧ୍ୱଜ ରଥୁଁ ଦେଖି କୌରବ ସଇନ
ଶରାଘାତ ପାଇଁ ଧନୁ ଉଠାଇ ଅର୍ଜୁନ ॥ (୨୦)
ହେ ରାଜା, ହୃଷିକେଶଙ୍କୁ କହିଲେ ଏ ବାକ୍ୟ

**ଅର୍ଜୁନ ଉବାଚ**

ଉଭୟ ସେନା ମଧ୍ୟରେ ରଥ ମୋର ରଖ ॥ (୨୧)

ଯେପର୍ଯ୍ୟନ୍ତ ନ ଦେଖୁଛି ଯୁଦ୍ଧକାମୀ ଗଣ
କାହା କାହା ସହ ଯୁଝିବି ମୁଁ ଏହି ରଣ।
ସେପର୍ଯ୍ୟନ୍ତ ରଥ ମୋର ରଖ ହେ ଅଚ୍ୟୁତ
ଦେଖୁନିଏ କେ ଯୁଦ୍ଧ କରିବେ ମୋ ସହିତ ॥ (୨୨)

ଦୁଷ୍ଟବୁଦ୍ଧି ଦୁର୍ଯ୍ୟୋଧନ ଯୁଦ୍ଧେ ମିତ୍ର ବହି
ସମାଗତ ଯୋଦ୍ଧାଗଣେ ଦେଖିବଇଁ ମୁହିଁ ॥ (୨୩)

**ସଞ୍ଜୟ ଉବାଚ**

ହେ ରାଜା, କେଶବ ଶୁଣି ଅର୍ଜୁନ ଉକତ
ଭୀଷ୍ମ ଦ୍ରୋଣ ତଥା ସର୍ବ ରାଜା ସମ୍ମୁଖସ୍ଥ ॥ (୨୪)

ଉଭୟ ସେନା ମଝିରେ ରଥକୁ ରଖିଲେ
ହେ ପାର୍ଥ, କୌରବ ସେନା ଦେଖତୁ ବୋଇଲେ ॥ (୨୫)

ପିତୃ ପିତାମହ ମାମୁଁ ଭାଇ ପୁତ୍ର ମିତ୍ର
ଶ୍ୱଶୁର ଆଚାର୍ଯ୍ୟ ଆଉ ଶଳା ଯେ ପ୍ରପୌତ୍ର ॥ (୨୬)

ଉଭୟ ସେନାରେ ବିଦ୍ୟମାନ ଦେଖି ପାର୍ଥ
ବିଷାଦ ଚିତ୍ତେ କହନ୍ତି ହୋଇ କରୁଣାର୍ତ୍ତ ॥ (୨୭/୨୮)

**ଅର୍ଜୁନ ଉବାଚ**

ହେ କୃଷ୍ଣ, ଏଥି ଯୁଦ୍ଧେଚ୍ଛୁ ସ୍ୱଜନଙ୍କୁ ଦେଖି
ଅଙ୍ଗ ଶିଥିଳ ଲାଗୁଛି ମୁଖ ଯାଏ ଶୁଖି ॥ (୨୮)

ରୋମହର୍ଷଣେ ସର୍ବାଙ୍ଗ କମ୍ପୁଛି ମୋହର
ଠିଆ ହେବାକୁ ସମର୍ଥ ନୋହେ ମୋ ଶରୀର ॥ (୨୯)

ହାତରୁ ଗାଣ୍ଡୀବ ଧନୁ ଖସି ଯେ ପଡୁଛି
ଚର୍ମ ଜ୍ୱାଳାକରି ମୋର ମନ ଭ୍ରମୁଅଛି ॥ (୩୦)

ବିପରୀତ ଦେଖୁଅଛି ସମସ୍ତ ଲକ୍ଷଣ
ଯୁଦ୍ଧେ ସ୍ୱଜନ ହତ୍ୟାରେ ନ ଦେଖେ କଲ୍ୟାଣ ॥ (୩୧)

ନ ଚାହେଁ ମୁଁ ରାଜ୍ୟ ସୁଖ ନ ଇଚ୍ଛେ ବିଜୟ
ଏପରି ରାଜ୍ୟ ଭୋଗରେ କିଶ ଲାଭ କହ ? (୩୨)

ରାଜ୍ୟଭୋଗ ସୁଖ ଆଦି ଯାହାପାଇଁ ଚିନ୍ତି
ସେ ଧନ ଜୀବନ ଆଶାଛାଡ଼ି ଯୁଦ୍ଧେ ଛନ୍ତି ॥ (୩୩)

ଗୁରୁ ଗୁରୁଜନ ପିତୃ ପୁତ୍ର ପିତାମହ
ମାତୁଳ ଶ୍ୱଶୁର ନାତି ଶଳା ବନ୍ଧୁ ସହ ॥ (୩୪)

ସର୍ବେ ମୋତେ ବଧିଲେ ବି ତାଙ୍କୁ ନ ବଧିବି
ତ୍ରିଲୋକ ନ ଚାହେଁ ମୁହିଁ କି ଛାର ପୃଥିବୀ ! (୩୫)

କୌରବ-ସେନାକୁ ବଧି କି ସୁଖ ମିଳିବ ?
ଆତତାୟୀଙ୍କୁ ବଧିଲେ ପାପହିଁ ଲାଗିବ ॥ (୩୬)

ସ୍ୱଜନ କୌରବ ହତ୍ୟା ନୁହଁଇ ଉଚିତ
ଆତ୍ମୀୟ ସଂହାରି ସୁଖୀ ହୋଇବା କେମନ୍ତ ? (୩୭)

କୁଳକ୍ଷୟ ମିତ୍ରଦ୍ରୋହ ପାତକ ଯଦ୍ୟପି
ଲୋଭରେ ସେ ଅଚେତନ ହୋଇ ନ ଦେଖନ୍ତି ॥ (୩୮)

କୁଳନାଶ ପାପ ଆମ୍ଭେ ଜାଣୁ ଜନାର୍ଦ୍ଦନ
କିମ୍ପା ନ କରିବା ପାପୁଁ ନିସ୍ତାର ଉଦ୍ୟମ ॥ (୩୯)

କୁଳନାଶେ ସନାତନ ଧର୍ମ ହୁଏ ନାଶ
କୁଳଧର୍ମ ନାଶେ ପାପ ଘୋଟଇ ବିଶେଷ ॥ (୪୦)

ପାପଭାରେ କୁଳ ସ୍ତ୍ରୀ ଯେ ଦୂଷିତା ହୁଅନ୍ତି
ଫଳରେ ବର୍ଣ୍ଣସଙ୍କର ଉତ୍ପନ୍ନ କରନ୍ତି ॥ (୪୧)

ବର୍ଣ୍ଣ ସଙ୍କରେ କୁଳକୁ ନିଅନ୍ତି ନରକ
ପିତୃ ପୁରୁଷ ନ ପା'ନ୍ତି ପିଣ୍ଡ ଯେ ଉଦକ।
ଶ୍ରାଦ୍ଧ ତର୍ପଣରୁ ପିତୃ ହୋଇଣ ବଞ୍ଚିତ
ପିଣ୍ଡ ବିନା ଅଧୋଗତି ହୁଅନ୍ତି ପ୍ରାପତ ॥ (୪୨)

କୁଳଘାତୀ ସଙ୍କରର ଅଟେ ଏହି ଦୋଷ
ସନାତନ ଧର୍ମ ଜାତି କୁଳ କରେ ନାଶ ॥ (୪୩)

ଆହେ ଜନାର୍ଦ୍ଦନ, କୁଳଧର୍ମ ହେଲେ ନାଶ
ଶୁଣିଛି ଅନନ୍ତ କାଳ ନରକେ ନିବାସ ॥ (୪୪)

ରାଜ୍ୟସୁଖ ପାଇଁ ହତ୍ୟା ସ୍ୱଜନେ ଉଦ୍ୟତ
ହାୟ, ଆମେ ମହାପାପ ନିମନ୍ତେ ପ୍ରସ୍ତୁତ ! (୪୫)

ମୋ ଭଳି ନିଃଶସ୍ତ୍ରେ ଏହି କୁରୁ ଶସ୍ତ୍ରଧାରୀ
ସମ୍ମୁଖ ସମରେ ଯେବେ ପକାଅନ୍ତି ମାରି।
ତଥାପି ମୁଁ ତାଙ୍କ ସହ ନ କରିବି ରଣ
ଏହା ମୋହ ପକ୍ଷେ ହେବ ମଙ୍ଗଳ କାରଣ ॥ (୪୬)

**ସଞ୍ଜୟ ଉବାଚ**

ଏପରି କହି ଅର୍ଜୁନ ଶୋକାକୁଳ ମନେ
ଧନୁଶର ତେଜି ଅଶ୍ରୁସଜଳ ନୟନେ।
ଯୁଦ୍ଧକ୍ଷେତ୍ର ମଧ୍ୟେ ଅତି ବିଷାଦ ଚିତ୍ତରେ
ଆକୁଳ ହୋଇ ସେ ବସିଗଲେ ରଥପରେ ॥ (୪୭)

**ଓଁ ତତ୍ସଦିତି ଶ୍ରୀମଦ୍ଭଗବତ୍ ଗୀତାସୂପନିଷତ୍ସୁ ବ୍ରହ୍ମବିଦ୍ୟାୟାଂ ଯୋଗଶାସ୍ତ୍ରେ ଶ୍ରୀକୃଷ୍ଣାର୍ଜୁନ ସମ୍ବାଦେ ଅର୍ଜୁନବିଷାଦ ଯୋଗୋ ନାମୋ ପ୍ରଥମୋଧ୍ୟାୟଃ ॥ (୧)**

- ୦ -

# ଦ୍ୱିତୀୟ ଅଧ୍ୟାୟ

## ସାଂଖ୍ୟଯୋଗ

**ରାଗ - ରାମକେରୀ**

**"କଳା କଳେବର କହ୍ନାଇ ସଙ୍ଗେ ରୋହିଣୀ ସୁତ" ବୃତ୍ତେ**

**ସଞ୍ଜୟ ଉବାଚ**

ଲୋତକେ ଚକ୍ଷୁ ଅବରୁଦ୍ଧ ବିଷାଦରେ ନିମଗ୍ନ
ପାର୍ଥ ଆକୁଳତା ଦେଖିଣ ବୋଲେ ମଧୁସୂଦନ ॥ (୧)

**ଶ୍ରୀ ଭଗବାନ ଉବାଚ**

ବିଷମ ସମୟେ ଅର୍ଜୁନ କିହେତୁ ଏ ଅଜ୍ଞାନ
ଅସ୍ୱର୍ଗ୍ୟ ଅକୀର୍ତ୍ତିଦାୟକ ଅଗ୍ରାହ୍ୟ ଯା' ସଜ୍ଜନ ॥ (୨)

କ୍ଳୀବ ନୁହ ପାର୍ଥ ଯେଉଁଟି ତୁମକୁ ଅଶୋଭିତ
ତୁଚ୍ଛ ଦୁର୍ବଳତା ହଟାଇ ଉଠ ହେ ପରନ୍ତପ ॥ (୩)

**ଅର୍ଜୁନ ଉବାଚ**

କିପରି ଶର ମୁଁ ଯୋଖିବି ଭୀଷ୍ମ ଦ୍ରୋଣଙ୍କ ପ୍ରତି
ହେ ଅରିସୂଦନ ଏମାନେ ପୂଜନୀୟ ଅଟନ୍ତି ॥ (୪)

ମହାନୁଭବ ଗୁରୁଜନେ ବଧି ନ ହେବି ବୀର
ବରଂ ଇହଲୋକେ ଭିକ୍ଷାନ୍ନ ଭକ୍ଷଣ ଶ୍ରେୟସ୍କର ।
ଗୁରୁଜନ ରକ୍ତେ ରଞ୍ଜିତ କାମନାଯୁକ୍ତ ଧନ
କେବଳ ଭୋଗତ କରିବି ଯାହା କାମପ୍ରଧାନ ! (୫)

ନ ଜାଣଇ ଯୁଦ୍ଧ କରିବା ନ କରିବା କେ ଶ୍ରେୟ
ନ ଜାଣେ ହେବକି ବିଜୟ କି ଅବା ପରାଜୟ ।
ଯାହାଙ୍କୁ ବିନାଶ କରିଣ ବଞ୍ଚିବାକୁ ନ ଚାହେଁ
ମୋ ଆଗରେ ଉଭା ଯେ ସେହି ଧୃତରାଷ୍ଟ୍ର ତନୟେ ॥ (୬)

କାତରତା ଦୋଷେ ମୋହର ସ୍ୱଭାବ ତିରସ୍କୃତ
ଧର୍ମ ବିଷୟରେ ମୋ ଚିତ୍ତ ଅଟଇ ମୋହଗ୍ରସ୍ତ ।
କୁହ, ପଚାରୁଛି ମୋ ପକ୍ଷେ କିଶ ନିଶ୍ଚିତ ଶ୍ରେୟ
ଶରଣାଗତ ଶିଷ୍ୟ ମୁହିଁ ମୋତେ ଶିକ୍ଷା ଯେ ଦିଅ ॥ (୭)

ମର୍ତ୍ତ୍ୟେ ନିଷ୍କଣ୍ଟକ ସମୃଦ୍ଧ ରାଜ୍ୟ ସ୍ୱର୍ଗାଧିପତ୍ୟ
ମିଳିଲେ ନ ଦେଖେ କମିବ ଇନ୍ଦ୍ରିୟଶୁଷ୍କ ଦୁଃଖ ॥ (୮)

**ସଞ୍ଜୟ ଉବାଚ**

ରାଜା, ପରନ୍ତପ ଅର୍ଜୁନ ଏହା ଗୋବିନ୍ଦେ କହି
'ଯୁଦ୍ଧ ନ କରିବି' ବୋଲିଣ ଗଲେ ମଉନ ହୋଇ ॥ (୯)

ହୃଷିକେଶ ଉଭୟ ସେନା ମଧ୍ୟେ ସ୍ମିତ ହସିଣ
ବିଷାଦମଗ୍ନ ଅର୍ଜୁନଙ୍କୁ ବୋଲନ୍ତି ଏ ବଚନ ॥ (୧୦)

## ଶ୍ରୀ ଭଗବାନ ଉବାଚ

ପଣ୍ଡିତ ପ୍ରାୟ କହୁ କଥା ଅଶୋକ୍ୟେ ଦୁଃଖୀ ହୋଇ
ପଣ୍ଡିତ ଶୋକ ନ କରନ୍ତି ମୃତ ଜୀବିତ ପାଇଁ ॥ (୧୧)

ତୁମେ ଆମେ ରାଜାଏ ପୂର୍ବେ କେହି ନ ଥିଲେ ନୁହେଁ
ପରେ ଆମେ କେହି ନ ଥିବା, ଏକଥା ମଧ୍ୟ ନୁହେଁ ॥ (୧୨)

ଦେହୀ ଦେହ ଯେହ୍ନେ କୁମାର, ଯୁବା, ବୃଦ୍ଧ ହୁଅଇ
ତେହ୍ନେ ଦେହାନ୍ତର ପ୍ରାପ୍ତିରେ ଧୀର ମୋହିତ ନୋହି ॥ (୧୩)

ଶୀତୋଷ୍ଣ ସୁଖଦୁଃଖ ଆଦି ଇନ୍ଦ୍ରିୟର ବିଷୟ
ଅନିତ୍ୟ ତାହା ନାଶଶୀଳ ଅର୍ଜୁନ ସହିଯାଅ ॥ (୧୪)

ସମ ସୁଖଦୁଃଖ ଧୀର ଯେ ଏଥେ ବ୍ୟଥିତ ନୋହି
ଅମର ପଦକୁ ସମର୍ଥ ଏକା ଅଟଇ ସେହି ॥ (୧୫)

ଅସତର ସତ୍ତା ନାହିଁ ହେ ସତ ଅଭାବ ନାହିଁ
ଏ ଦୁଇ ତତ୍ତ୍ୱକୁ ଗମ୍ଭୀରେ ତତ୍ତ୍ୱଦର୍ଶୀ ଦେଖଇ ॥ (୧୬)

ଯାହାଦ୍ୱାରା ବ୍ୟାପ୍ତ ସଂସାର ଜାଣ ସେ ଅବିନାଶୀ
ତାହାକୁ କଦାପି କେହିବି କେବେ ନ ପାରେ ନାଶି ॥ (୧୭)

ଅବିନାଶୀ ଅପ୍ରମେୟ ଯେ ନିତ୍ୟ ଏହି ଶରୀରୀ
ନଶ୍ୱର ଏ ଦେହ ଅର୍ଜୁନ ଯୁଝ ଚିନ୍ତା ନ କରି ॥ (୧୮)

ଜୀବାତ୍ମାକୁ ପାର୍ଥ ନଶ୍ୱର ହତ୍ୟାକାରୀ ଯେ' ମଣେ
ଆତ୍ମା ଯେ ନ ମରେ ନ ମାରେ ଉଭୟ ସେ ନ ଜାଣେ ॥ (୧୯)

ଆତ୍ମାର ନ ହୁଏ ମରଣ ଆତ୍ମା ନ ହୁଏ ଜାତ
ଆତ୍ମା ସନାତନ ଅଜନ୍ମା ଆଉ ଅନାଦି ନିତ୍ୟ।
ଆତ୍ମା ପୁନର୍ଜନ୍ମ ନ ଲଭେ ପୁରାତନ ଅଟଇ
ଶରୀରଟି ନାଶ ହୋଇଲେ ଆତ୍ମା ବିନାଶ ନୋହି ॥ (୨୦)

ଯେ ଜାଣେ ଅଜନ୍ମା ଅବ୍ୟୟ ନିତ୍ୟ ଏ ଅବିନାଶୀ
କାହାକୁ କିପରି ବଧି ସେ ବଧ କରାଇବଟି ? (୨୧)

ନୂଆବସ୍ତ୍ର ପିନ୍ଧିଲା ପ୍ରାୟ ତେଜିଣ ଜୀର୍ଣ୍ଣବସ୍ତ୍ର
ପୁରୁଣା ଘଟ ତେଜି ଆତ୍ମା ନୂଆ ଘଟେ ଆଶ୍ରିତ ॥ (୨୨)

କାଟି ନ ପାରେ ଅସ୍ତ୍ର ଆତ୍ମା, ଅଗ୍ନି ନ ପାରେ ଦାହି
ଭିଜାଇ ନ ପାରେ ଜଳ, ନ ପାରେ ବାୟୁ ଶୁଖାଇ ॥ (୨୩)

ଅଚ୍ଛେଦ୍ୟ, ଅଦାହ୍ୟ, ଅକ୍ଳେଦ୍ୟ, ଅଶୁଷ୍କ ଏ ଜୀବାତ୍ମା
ସନାତନ, ସ୍ଥାଣୁ, ଅଚଳ, ନିତ୍ୟ, ସର୍ବଗତାତ୍ମା ॥ (୨୪)

ଅବ୍ୟକ୍ତ ଅଟଇ ଆତ୍ମାଯେ ଅବିକାରୀ, ଅଚିନ୍ତ୍ୟ
ଆତ୍ମାକୁ ଏପରି ଜାଣି ତୋ ଶୋକ ନୁହେଁ ଉଚିତ ॥ (୨୫)

ନିତ୍ୟ ଜାତ, ନିତ୍ୟମୃତବା ଯଦି ମଣୁଛ ହେଲେ
ତେବେ ମଧ୍ୟ ମହାବାହୁ ହେ ଶୋକ ନ କର ତିଳେ ॥ (୨୬)

କାରଣ ଜାତର ମରଣ, ମୃତର ଜନ୍ମ ସତ୍ୟ
ଅନିବାର୍ଯ୍ୟ, ଶୋକ କରିବା ଏଥି ନୁହେଁ ଉଚିତ ॥ (୨୭)

ଜନମ ପୂର୍ବରୁ ମରଣ ପରେ ଅବ୍ୟକ୍ତ ଦେହ
ମଝିରେ ବ୍ୟକ୍ତ ଦିନାକେତେ ତେବେ କିମ୍ପା ଏ କୋହ ? (୨୮)

ଅନ୍ୟକେହି ଏହା ତତ୍ତ୍ୱକୁ ଆଶ୍ଚର୍ଯ୍ୟ ଯେ କହନ୍ତି।
ଆଶ୍ଚର୍ଯ୍ୟ ପରି ଏ ଆତ୍ମାକୁ କେହି କେହି ଦେଖନ୍ତି
ଆଶ୍ଚର୍ଯ୍ୟ ପରି ଯେ ଶୁଣନ୍ତି ଅନ୍ୟ କେତେକ ନରେ
ଶୁଣିଶୁଣି ମଧ୍ୟ ଏହାକୁ କେହି ଜାଣିନପାରେ ॥ (୨୯)

ସର୍ବଦା ଅବଧ୍ୟ ଏ ଆତ୍ମା ରହି ଦେହ ମଧ୍ୟର
ତେଣୁ କେଉଁ ପ୍ରାଣୀ ପାଇଁ ହେ ପାର୍ଥ ଶୋକ ନକର ॥ (୩୦)

ସ୍ୱଧର୍ମ ପାଳନେ କ୍ଷତ୍ରିୟ ବିଚଳିତ ନ ହୁଏ
ଧର୍ମଯୁଦ୍ଧ ଠାରୁ ତା' ଲାଗି ଶ୍ରେୟ କିଛି ନ ଥାଏ ॥ (୩୧)

ଖୋଲା ସ୍ୱର୍ଗଦ୍ୱାର ପରାୟ ଏହି ଯୁଦ୍ଧ ଅଟଇ
ସୁଖୀ ହୁଅନ୍ତି ଯେ କ୍ଷତ୍ରିୟ ଏହି ଯୁଦ୍ଧକୁ ପାଇ ॥ (୩୨)

କିନ୍ତୁ ଯଦି ତୁମେ ଏ ଧର୍ମ ସମର ନ କରିବ
ସ୍ୱଧର୍ମ, ସୁକୀର୍ତ୍ତି ହରାଇ ପାପଭାଗୀ ହୋଇବ ॥ (୩୩)

ଦୀର୍ଘକାଳ ଧରି ସମସ୍ତେ ରଟିବେ ଅପକୀର୍ତ୍ତି
ମରଣଠୁଁ ବଳି ଦୁଃଖଦ ଯାହା ସଜ୍ଜନ ପ୍ରତି ॥ (୩୪)

ଭୟହେତୁ ଯୁଦ୍ଧ ବିରତ ମହାରଥୀ ଭାବିବେ
ତୋତେ ଯେ' ସମ୍ମାନ କରନ୍ତି ଅପମାନ କରିବେ ॥ (୩୫)

ତୋ ସାମର୍ଥ୍ୟ ନିନ୍ଦା କରିଣ ଶତ୍ରୁ କହିବେ ବହୁ
ତାହାଠାରୁ ବଡ଼ ଦୁଃଖ ଯେ କିଶ ଅଛିଟି ଆଉ ! (୩୬)

ଯୁଦ୍ଧେ ହତ ସ୍ୱର୍ଗ ପ୍ରାପତି ବିଜୟେ ଭୋଗ ରାଜ୍ୟ
ତେଣୁ ହେ କୌନ୍ତେୟ ଉଠିଣ ତୁହି ନିଶ୍ଚିତ ଯୁଝ ॥ (୩୭)

ଜୟ ପରାଜୟ, ସୁଖ ଯେ ଦୁଃଖ ବା ହାନିଲାଭ
ସମ ମଣି ଯୁଝ ଅର୍ଜୁନ ପାପ ନାହିଁ ଲାଗିବ ॥ (୩୮)

ସାଂଖ୍ୟଯୋଗେ ସମବୁଦ୍ଧି ମୁଁ କହିଲି ହେ ଅର୍ଜୁନ
ଏବେ କର୍ମଯୋଗେ ଶୁଣି ତୁ ଛେଦ କର୍ମ ବନ୍ଧନ ॥ (୩୯)

ଇହଲୋକେ କର୍ମଯୋଗର ବୀଜ ନ ହୁଏ ନାଶ
ବିପରୀତ ଫଳ ନ ଦିଏ ଜନ୍ମ ବା ମୃତ୍ୟୁ ତ୍ରାସ।
ଏହି କର୍ମଯୋଗ ଧର୍ମର ସ୍ୱଳ୍ପାଚରଣ କଲେ
ଜନ୍ମ ମୃତ୍ୟୁ ମହାଭୟରୁ ପାର୍ଥ ତ୍ରାହି ଯେ ମିଳେ ॥ (୪୦)

କର୍ମଯୋଗେ ସ୍ଥିରବୁଦ୍ଧି ଯେ ମାତ୍ର ହୁଅଇ ଏକ
କର୍ମାସକ୍ତ ଭୋଗାସକ୍ତର ବୁଦ୍ଧି ହୁଏ ଅନେକ ॥ (୪୧)

ସକାମ ବେଦବାଦୀ ସ୍ୱର୍ଗସୁଖ ଶ୍ରେଷ୍ଠ ମଣଇ
କିଛିନାହିଁ ଭୋଗ ବ୍ୟତୀତ ଅବିବେକୀ କହଇ।
ଭୋଗଐଶ୍ୱର୍ଯ୍ୟ ପ୍ରାପ୍ତିପାଇଁ ଲୋଭାସକ୍ତ ଯେ ବାଣୀ
ଅନେକ କ୍ରିୟାର ବର୍ଣ୍ଣନା କରିଥାଏ ସେ ଜାଣି।
ହେ ପୃଥାନନ୍ଦନ, ସକାମ ଏହି ବେଦବଚନ
ଜନମ ରୂପକ କରମ ଫଳ କରେ ପ୍ରଦାନ ॥ (୪୨-୪୩)

ଭୋଗ ଐଶ୍ୱର୍ଯ୍ୟ ଆସକ୍ତିରେ ଅପହୃତ ଯା' ଚିତ୍ତ
ପରମାତ୍ମା ଠାରେ ତାଙ୍କର ବୁଦ୍ଧି ସ୍ଥିର ନୋହେତ ॥ (୪୪)

ତ୍ରିଗୁଣ ବିଷୟ କେବଳ ମାତ୍ର କହନ୍ତି ବେଦ
ହୋଇଯାଅ ପାର୍ଥ ହେ ତୁମେ ଗୁଣାତୀତ ନିର୍ଦ୍ୱନ୍ଦ୍ୱ।
ଭୋଗାସକ୍ତି ତ୍ୟାଗ କରିହେ ନିତ୍ୟ ସତ୍ତ୍ୱରେ ରହି
ଆତ୍ମବାନ୍ ହୁଅ ବାବୁରେ ଯୋଗକ୍ଷେମ ନ ଚାହିଁ ॥ (୪୫)

ଜନେ ନ ଲୋଡ଼ନ୍ତି ଉଦପା ସରୋବରକୁ ପାଇ
ବ୍ରହ୍ମଜ୍ଞାନ ପ୍ରାପ୍ତ ବ୍ରାହ୍ମଣ ବେଦ ଲୋଡ଼ଇ ନାହିଁ ॥ (୪୬)

ଅଧିକାର ତୋର କର୍ମରେ ମାତ୍ର ଫଳରେ ନୁହଁ
କର୍ମଫଳର ତୁ ହେତୁ ବା ନିଷ୍କର୍ମାସକ୍ତ ନୁହ ॥ (୪୭)

କର୍ମ କରିଯାଅ ଅର୍ଜୁନ କରି ଆସକ୍ତି ତ୍ୟାଗ
ସିଦ୍ଧି ଅସିଦ୍ଧିରେ ସମତା ପରା ଅଟଇ ଯୋଗ ॥ (୪୮)

ବୁଦ୍ଧିଯୋଗ ଠାରୁ ସକାମ କର୍ମ ଅତ୍ୟନ୍ତ ହୀନ
ଫଳଇଚ୍ଛା ଯୁକ୍ତ ମାନବ ଅଟଇ ଦୀନହୀନ ।
ଏଣୁ ସମବୁଦ୍ଧି ଯୋଗର ତୁମେ ନିଅ ଆଶ୍ରୟ
ସର୍ବକର୍ମଫଳ ଇଚ୍ଛାକୁ ତେଜ ହେ ଧନଞ୍ଜୟ ॥ (୪୯)

ସମବୁଦ୍ଧିଯୁକ୍ତ ମନୁଷ୍ୟ ଉଭୟ ପାପ ପୁଣ୍ୟ
ଇହଲୋକେ ତ୍ୟାଗ କରନ୍ତି ତେଣୁ କର ପ୍ରଯତ୍ନ ।
ଏବେ ତୁମେ ସମତା ଯୋଗ ପ୍ରାପ୍ତି ନିମନ୍ତେ ଲାଗ
କୁଶଳତା ସର୍ବ କର୍ମରେ ପରା ଅଟଇ ଯୋଗ ॥ (୫୦)

ସମବୁଦ୍ଧିଯୁକ୍ତ ଜ୍ଞାନୀ ଯେ' କର୍ମଫଳ ତେଜିଣ
ଲଭନ୍ତି ପରମ ପଦକୁ ଛେଦି କର୍ମ ବନ୍ଧନ ॥ (୫୧)

ତୁମ ବୁଦ୍ଧି ମୋହପଙ୍କକୁ ଯେବେ ପୂରା ତରିବ
ଇହପର ଶୁଣା ଅଶୁଣା ଭୋଗେ ବୈରାଗ୍ୟ ହେବ ॥ (୫୨)

ବିବିଧ ଶାସ୍ତ୍ରେ ବିଚଳିତ ବୁଦ୍ଧି ହେବ ଅଚଳ
ନିତ୍ୟ ଯୋଗ ପ୍ରାପ୍ତ ହୋଇଣ ହେବ ବ୍ରହ୍ମେ ନିଶ୍ଚଳ ॥ (୫୩)

### ଅର୍ଜୁନ ଉବାଚ
ସମାଧିସ୍ଥ ସ୍ଥିତପ୍ରଜ୍ଞର କିଶ ଅଟେ ଲକ୍ଷଣ
କିପରି ଚଳନ୍ତି, ବସନ୍ତି କିପରି ତା ଭାଷଣ ? (୫୪)

**ଶ୍ରୀ ଭଗବାନ ଉବାଚ**

ମନୋଗତ ସର୍ବ କାମନା କରି ସମ୍ପୂର୍ଣ୍ଣ ତ୍ୟାଗ
ଆତ୍ମାରେ ଆତ୍ମାକୁ ସନ୍ତୁଷ୍ଟ କରନ୍ତି ସ୍ଥିତପ୍ରଜ୍ଞ ॥ (୫୫)

ସୁଖେ ନ ଥାଏ ତାଙ୍କ ସ୍ପୃହା ଦୁଃଖେ ଅଧୀର ନୋହି
ଆସକ୍ତି, ଭୟ, କ୍ରୋଧାତୀତ ବୁଦ୍ଧି ସ୍ଥିର ଅଟଇ ॥ (୫୬)

ଯେ ଶୁଭ ଅଶୁଭ ପ୍ରାପ୍ତିରେ ସର୍ବତ୍ର ଅନାସକ୍ତ
ବୁଦ୍ଧି ତା'ର ସ୍ଥିର ହୁଏ ଯେ' ଦ୍ୱେଷ ହରଷମୁକ୍ତ ॥ (୫୭)

ବିଷୟ ରସରୁ ଇନ୍ଦ୍ରିୟଗଣ କୂର୍ମ ପରାୟେ
ସଙ୍କୁଚିତ କରିନେଲେ ତା ବୁଦ୍ଧି ସ୍ଥିର ବୋଲାଏ ॥ (୫୮)

ଇନ୍ଦ୍ରିୟଙ୍କ ଦ୍ୱାରା ବିଷୟ ଭୋଗ ନ କରେ ଯିଏ
ବିଷୟ ନିବୃତ୍ତ ହେଲେବି ରସବୁଦ୍ଧି ନ ଯାଏ।
ଯେବେ ପରମାତ୍ମ ତତ୍ତ୍ୱକୁ ଅନୁଭବ କରିବ
ତେବେ ସେହି ସ୍ଥିତପ୍ରଜ୍ଞର ରସ ନିବୃତ୍ତ ହେବ ॥ (୫୯)

ରସବୁଦ୍ଧି ଥିଲେ ବିଷୟେ ଜ୍ଞାନୀ ସାଧକ ମନ
ବଳେ ହରିନିଏ ଇନ୍ଦ୍ରିୟ ଆହେ କୁନ୍ତୀନନ୍ଦନ ॥ (୬୦)

ଏଣୁ କର୍ମଯୋଗୀ ଇନ୍ଦ୍ରିୟଗଣ କଲେ ସଂଯମ
ବୁଦ୍ଧି ତା'ର ସ୍ଥିର ହୁଅଇ ହେଲେ ମୋ ପରାୟଣ ॥ (୬୧)

ବିଷୟ ଚିନ୍ତନ କରିଲେ ହୁଏ ଆସକ୍ତି ଜାତ
ଆସକ୍ତିରୁ କାମ, କାମରୁ କ୍ରୋଧ ହୁଏ ସମ୍ଭୂତ ॥ (୬୨)

କ୍ରୋଧରୁ ସମ୍ମୋହ, ମୋହରୁ ସ୍ମୃତି ହୁଅଇ ନାଶ
ସ୍ମୃତିଭ୍ରଂଶ ହେଲେ ବୁଦ୍ଧି ଯେ ପତିତର ବିନାଶ ॥ (୬୩)

ରାଗଦ୍ୱେଷ ବିନା ଇନ୍ଦ୍ରିୟ ଦ୍ୱାରା ବିଷୟଭୋଗ
କରି ବଶୀଭୂତ ଚିତ୍ତରେ ଲଭେ ପ୍ରସନ୍ନ ଯୋଗ ॥ (୬୪)

ପ୍ରସନ୍ନତା ପ୍ରାପ୍ତ ହୋଇଲେ ଦୁଃଖ ହୁଅଇ ଦୂର
ପ୍ରସନ୍ନ ଚେତାର ବୁଦ୍ଧିଟି ଶୀଘ୍ର ହୁଅଇ ସ୍ଥିର ॥ (୬୫)

ଅଯୁକ୍ତ ବୁଦ୍ଧିର ନିଷ୍କାମ ଭାବ ହୁଅଇ ନାହିଁ
ଅଭାବେ ଶାନ୍ତିନାହିଁ, ଶାନ୍ତି ବିନା ସୁଖ ଯେ କାହିଁ? (୬୬)

ଇନ୍ଦ୍ରିୟ ମନକୁ ହରିଲେ ବୁଦ୍ଧି ହୁଏ ହରଣ
ଅଗାଧ ଜଳରେ ନାବକୁ ବାୟୁ ହରେ ଯେସନ ॥ (୬୭)

ଏଣୁ ବିଷୟରୁ ଇନ୍ଦ୍ରିୟ ନିଗୃହୀତ ଯାହାର
ବଶୀକୃତ ଅନ୍ତରାତ୍ମା ସେ ବୁଦ୍ଧି ଅଟେ ତା' ସ୍ଥିର ॥ (୬୮)
ସଂସାରୀର ଯାହା ରଜନୀ ସଂଯମୀର ଦିବସ
ସଂସାରୀ ଦିନକୁ ମୁନି ଯେ ଦେଖେ ରାତି ସଦୃଶ ॥ (୬୯)

ସର୍ବ ନଦୀଜଳ ପାଇ ବି ଅବିଚଳିତ ସିନ୍ଧୁ
ସର୍ବ ଭୋଗବସ୍ତୁ ପ୍ରାପ୍ତିରେ ସ୍ଥିର ଈଶ୍ୱର ବନ୍ଧୁ।
ଭୋଗକାମୀ ଶାନ୍ତି ନଲଭେ ଲଭେ ମନ ସଂଯମୀ
ନିର୍ବିକାର ସକଳ ଭୋଗେ ସ୍ଥିତପ୍ରଜ୍ଞ ସେ ମୁନି ॥ (୭୦)

ନିଃସ୍ପୃହ, ନିର୍ମମ, ନିରହଂକାର ହୋଇ ଚଳିଲେ
ତେଜିଲେ ସମସ୍ତ କାମନା ପରମ ଶାନ୍ତି ମିଳେ ॥ (୭୧)

ମୋହିତ ନ ହୁଏ ଯା' ଲଭି ତାହା ଯେ ବ୍ରାହ୍ମୀସ୍ଥିତି
ଅନ୍ତକାଳେ ଏହି ସ୍ଥିତିରେ ହୁଏ ବ୍ରହ୍ମ ପ୍ରାପତି ॥ (୭୨)

**ଓଁ ତତ୍ସଦିତି ଶ୍ରୀମଦ୍ ଭଗବତ୍ ଗୀତାସୂପନିଷତ୍ସୁ ବ୍ରହ୍ମବିଦ୍ୟାୟାଂ ଯୋଗଶାସ୍ତ୍ରେ ଶ୍ରୀକୃଷ୍ଣାର୍ଜୁନ ସମ୍ବାଦେ ସାଂଖ୍ୟଯୋଗୋ ନାମ ଦ୍ୱିତୀୟୋଧ୍ୟାୟଃ ॥ (୨)**

- ୦ -

# ତୃତୀୟ ଅଧ୍ୟାୟ

## କର୍ମଯୋଗ

**ରାଗ - କଳହଂସ କେଦାର**

**"କହଇ ମନ ଆରେ ମୋ ବୋଲ କର" ବୃତ୍ତେ**

**ଅର୍ଜୁନ ଉବାଚ**

କର୍ମ ଅପେକ୍ଷା ଯଦି ଉତ୍ତମ ଜ୍ଞାନ
ଶ୍ରେଷ୍ଠ ମଣୁଛ ତୁମେ ହେ ଜନାର୍ଦ୍ଦନ।
ତେବେ କିମ୍ପାଇଁ ମୋତେ ଘୋର କରମେ
କରୁଛ ନିୟୋଜିତ କେଶବ ତୁମେ ? (୧)

ମିଶ୍ରିତ ବଚନରେ ହେ, କୃଷ୍ଣ ମୋର
ବୁଦ୍ଧିକୁ କିମ୍ପା ମୋହିତ ପ୍ରାୟ କର ?
ସ୍ଥିରକରି ଗୋଟିଏ କହ ନିଶ୍ଚିତ
ଯେମିତି ହେବ ମୋତେ ଶ୍ରେୟ ପ୍ରାପତ ॥ (୨)

**ଶ୍ରୀ ଭଗବାନ ଉବାଚ**

ଇହଲୋକରେ ନିଷ୍ଠା ଦୁଇ ପ୍ରକାର
କହିସାରିଛି ମୁହିଁ ବହୁ ପୂର୍ବର।
ଯାହାପାଇଁ ଯେଉଁଟି ଶୁଣ ଅନଘ
ଜ୍ଞାନୀର ସାଂଖ୍ୟ ଯୋଗୀର କର୍ମଯୋଗ ॥ (୩)

ମନୁଷ୍ୟ ଯଦି କର୍ମାରମ୍ଭ ନ କରେ
ନିଷ୍କର୍ମ ଅନୁଭବ ନ କରେ ଭଲେ।
କେବଳ କର୍ମତ୍ୟାଗ ଯେବେ କରଇ
ଅକର୍ମେ ସିଦ୍ଧି ପ୍ରାପ୍ତ ହୁଅଇ ନାହିଁ ॥ (୪)

କେହି ମନୁଷ୍ୟ କ୍ଷଣେ ବିନାକର୍ମରେ
କେବେବି କେଉଁଭାବେ ତିଷ୍ଠି ନ ପାରେ।
ପ୍ରକୃତି ବଶ ଏଠି ସମସ୍ତ ପ୍ରାଣୀ
ପ୍ରକୃତି ଗୁଣକର୍ମେ ନିଅଇ ଟାଣି ॥ (୫)

ବଳପୂର୍ବକ ଯିଏ ଇନ୍ଦ୍ରିୟଗଣେ
ନିରୋଧ କରି ଏଣେ ଚିନ୍ତଇ ମନେ।
ବିଷୟ ଚିନ୍ତି ଆପେ ସଂଯମୀ କହେ
ସେ ମୂଢ଼ଜନ ମିଥ୍ୟାଚାରୀ ବୋଲାଏ ॥ (୬)

ମନଦ୍ୱାରା ଇନ୍ଦ୍ରିୟ କରି ସଂଯତ
ନିଷ୍କାମ କର୍ମ କଲେ ନୋହି ଆସକ୍ତ।
ଇନ୍ଦ୍ରିୟ ଦ୍ୱାରା କର୍ମଯୋଗ କରିଲେ
ଅର୍ଜୁନ, ଶ୍ରେଷ୍ଠ ବୋଲାନ୍ତି ସେହି ନରେ ॥ (୭)

ଏଣୁ ତୁ ଶାସ୍ତ୍ରବିଧି ସମ୍ମତ କର୍ମ
କରି ପାଳନ କର ନିଜ ସ୍ୱଧର୍ମ।
ନିଷ୍କର୍ମ ଠାରୁ ଶ୍ରେଷ୍ଠ କର୍ମ କରିବା
ନ କଲେ ଅସମ୍ଭବ ଦେହ ଧରିବା ॥ (୮)

କର୍ତ୍ତବ୍ୟ କର୍ମ ଅଟେ ଉଚିତ ଯଜ୍ଞ
ଆପଣା ପାଇଁ କର୍ମ ବନ୍ଧନ ଯୋଗ ।
ଏଣୁ କୌନ୍ତେୟ ଅନାସକ୍ତ ଭାବର
ଯଜ୍ଞ ନିମନ୍ତେ ସର୍ବ କର୍ମ ଆଚର ॥ (୯)

ସୃଷ୍ଟି ଆରମ୍ଭେ ବ୍ରହ୍ମା ପ୍ରଜା ସୃଜିଲେ
ତା' ସଙ୍ଗେ କର୍ମଯଜ୍ଞ ମାନବେ ଦେଲେ ।
କହିଲେ ତୁମେ ଏହି କର୍ତ୍ତବ୍ୟ ଦ୍ୱାରା
ସମସ୍ତଙ୍କର ବୃଦ୍ଧି କରୁଥା ପରା
ଏ କର୍ମଯଜ୍ଞ ଇଷ୍ଟବସ୍ତୁ ଯେ ଦେଉ
ଦେବଙ୍କ ଦ୍ୱାରା ତୁମ ଉନ୍ନତି ହେଉ ।
ଦେବଗଣଙ୍କୁ ତୁମେ କର ଉନ୍ନତ
ପରସ୍ପର ବିକାଶେ କଲ୍ୟାଣପ୍ରାପ୍ତ ॥ (୧୦-୧୧)

ଯଜ୍ଞପୁଷ୍ଟ ଦେବତା ଯେ ଇଷ୍ଟ ବସ୍ତୁ
ଯାଚିଦିଅନ୍ତି ଭୋଗ କରିବା ହେତୁ ।
ଅନ୍ୟେ ନ ଦେଇ ସବୁକିଛି ଯେ ଭୋଗେ
ଚୋର ମଧ୍ୟରେ ଗଣାହୁଏ ସେ ଆଗେ ॥ (୧୨)

ଯଜ୍ଞାବଶେଷ ଭୋଗି ସାଧକ ସନ୍ଥ
ସର୍ବପାପରୁ ହୋଇଯାଆନ୍ତି ମୁକ୍ତ ।
ପାକ ଯେ କରେ କେବଳ ନିଜ ପାଇଁ
ସେ ପାପୀ ଅନ୍ନ ନୁହେଁ ପାପ ଭୁଞ୍ଜଇ ॥ (୧୩)

ଅନ୍ନରୁ ପ୍ରାଣୀ ସୃଷ୍ଟି, ବର୍ଷାରୁ ଅନ୍ନ
ଯଜ୍ଞରୁ ହୁଏ ବର୍ଷା, କର୍ମରୁ ଯଜ୍ଞ ॥ (୧୪)

ଜାଣ ବେଦରୁ ସୃଷ୍ଟି ହୋଇଛି କର୍ମ
ବେଦର ସୃଷ୍ଟିକର୍ତ୍ତା ଅକ୍ଷର ବ୍ରହ୍ମ ॥

ଏହି କାରଣୁଁ ସଦା ସେ ସର୍ବଗତ-
ବ୍ରହ୍ମ ସର୍ବଦା ଯଜ୍ଞରେ ପ୍ରତିଷ୍ଠିତ ।। (୧୫)

ପରମ୍ପରା ଚାଳିତ ସୃଷ୍ଟିଚକ୍ର ଏ
ନ ଅନୁସରେ ଯିଏ ମହାପାପୀ ସେ ।
ଇନ୍ଦ୍ରିୟ ଭୋଗଦ୍ୱାରା ଜୀବ ଧାରଣ
ସେ ପାପାୟୁ ଜୀବନ ଯେ ଅକାରଣ ।। (୧୬)

କିନ୍ତୁ ଆତ୍ମରତ ଆତ୍ମତୃପ୍ତ ସନ୍ତୁଷ୍ଟ
ପାଇଁ କିଛି କର୍ତ୍ତବ୍ୟ ନୁହେଁ ଉଦ୍ଦିଷ୍ଟ ।। (୧୭)

କର୍ମ କରିବା କର୍ମ ନ କରିବାରେ
ନ ଥାଏ ପ୍ରୟୋଜନ ତା'ର ସଂସାରେ ।
ନ ଥାଏ ପ୍ରାଣୀସହ ସ୍ୱାର୍ଥ ସମ୍ବନ୍ଧ
ଯେଣୁ ସେ କର୍ମଯୋଗୀ ହୋଇଛି ସିଦ୍ଧ ।। (୧୮)

ତେଣୁ ଅସଙ୍ଗ କର୍ମ କରି ନିରତ
ହୁଅନ୍ତି ପରମାତ୍ମା ସତତ ପ୍ରାପ୍ତ ।। (୧୯)

କର୍ମ ଆଚରି ଋଷି ଜନକ ଆଦି
ପ୍ରାପତ ହୋଇଛନ୍ତି ପରମ ସିଦ୍ଧି ।
ଲୋକ ଅନୁସରଣ ନିମିତ୍ତ କର୍ମ
ନିଷ୍କାମ ଭାବେ ତୁମେ କରିବା ଧର୍ମ ।। (୨୦)

ଶ୍ରେଷ୍ଠ ପୁରୁଷ କରେ ଯେ ଆଚରଣ
ସେ ଯାହା କାର୍ଯ୍ୟଦ୍ୱାରା କରେ ପ୍ରମାଣ ।
ଅନୁସରଣ କରି ତାହା ଇତରେ
କରନ୍ତି ସର୍ବକର୍ମ ତଦନୁସାରେ ।। (୨୧)

ହେ ପାର୍ଥ ତିନିଲୋକେ କର୍ତ୍ତବ୍ୟ କିଛି
ନାହିଁ ମୋହର ମୁହିଁ କର୍ମେ ଲାଗିଛି।
କୌଣସି ବସ୍ତୁ ମୋତେ ନୁହେଁ ଅପ୍ରାପ୍ତ
ତଥାପି ସର୍ବଦା ମୁଁ କର୍ମରେ ଲିପ୍ତ ॥ (୨୨)

କର୍ତ୍ତବ୍ୟ କର୍ମ ନ କରିବି ମୁଁ ଯେବେ
ମନୁଷ୍ୟମାନେ କର୍ମ ବିମୁଖ ହେବେ।
ମୋ ପଥ ଅନୁସରି ସର୍ବଥା ଜନ
ଭ୍ରଷ୍ଟ ହୋଇବେ କର୍ମେ ନ ଦେଇ ମନ।
ବର୍ଣ୍ଣସଙ୍କର ପାଇଁ ଦାୟୀ ମୁଁ ହେବି
ପ୍ରଜା ବିନାଶକାରୀ ମୁଁ ବୋଲାଇବି ॥ (୨୩-୨୪)

ଅଜ୍ଞାନୀ ଲୋକ କର୍ମାସକ୍ତ ଯେପରି
ଲୋକଶିକ୍ଷା ନିମିତ୍ତ ଜ୍ଞାନୀ ସେପରି।
କର୍ମାଚରଣ କରି ଜନେ କରାନ୍ତୁ
ଆସକ୍ତ ଜନେ ଭ୍ରମ ନ ଉପୁଜାନ୍ତୁ ॥ (୨୫-୨୬)

ପ୍ରକୃତି ଗୁଣବଶେ କର୍ମ ହେଉଛି
ମୂଢ଼ାହଂକାରୀ ସ୍ୱୟଂ କର୍ତ୍ତା ମାନୁଛି ॥ (୨୭)

କିନ୍ତୁ ହେ ମହାବାହୁ ଯେ ତତ୍ତ୍ୱଜ୍ଞାନୀ
ଗୁଣ ବିଭାଗ କର୍ମ ବିଭାଗ ଜାଣି।
ଗୁଣ ସକଳ ଗୁଣରେ ପ୍ରବର୍ତ୍ତିତ
ମାନି କର୍ମରେ ନ ହୁଅନ୍ତି ଆସକ୍ତ ॥ (୨୮)

ପ୍ରକୃତି ଦ୍ୱାରା ଗୁଣ କର୍ମରେ ଲିପ୍ତ
ଅପୂର୍ଣ୍ଣ ବୁଦ୍ଧି ନର କର୍ମେ ଆସକ୍ତ।
ଅଜ୍ଞାନ ମନ୍ଦବୁଦ୍ଧି ଗୁଣେ ମୋହିତ
ବିଜ୍ଞ ନ କରୁ ତାହାଙ୍କୁ ବିଚଳିତ ॥ (୨୯)

ଅଧ୍ୟାତ୍ମ ଚିତ୍ତଦ୍ୱାରା ସକଳ କର୍ମ
ହେ ମହାବାହୁ ମୋତେ କର ଅର୍ପଣ ।
ହୋଇ ମମତା ମୁକ୍ତ ଆଶା ରହିତ
କର ତୁ ରଣ ହୋଇ ସନ୍ତାପମୁକ୍ତ ॥ (୨୯-୩୦)

ଅନସୂୟ ସୁଜନ ଯେ ଶ୍ରଦ୍ଧାବାନ
ଅନୁସରଣ କରେ ଏହି ବଚନ ।
ସର୍ବକର୍ମ ବନ୍ଧନୁଁ ହୁଅଇ ମୁକ୍ତ
ଜାଣିଥା ଅର୍ଜୁନ ଏହା ପରମ ସତ୍ୟ ॥ (୩୧)

ଏ ମତ ପ୍ରତି ଅସୂୟା ଯେ କରଇ
ଦୋଷଦୃଷ୍ଟି ରଖିଣ ଯେ ନ ପାଳଇ ।
ସେ ଅବିବେକୀ ଜ୍ଞାନ-ବିମୂଢ଼ ଜନ
ନଷ୍ଟ ହୋଇଯାଇଛି ବୋଲି ତୁ ଜାଣ ॥ (୩୨)

ପ୍ରକୃତି ବଶ ସର୍ବ ପ୍ରାଣୀ ଏଠାରେ
ଜ୍ଞାନୀ କରଇ ଚେଷ୍ଟା ତଦନୁସାରେ ।
ପ୍ରକୃତି ଦ୍ୱାରା ଯେବେ କ୍ରିୟାଟି ଧାର୍ଯ୍ୟ
ତେବେ ଏ ନିଗ୍ରହର କିଅବା କାର୍ଯ୍ୟ ? (୩୩)

ରାଗ ଦ୍ୱେଷାନୁସାରେ ଆମ ଇନ୍ଦ୍ରିୟେ
ପ୍ରବୃତ୍ତ ହୁଏ ନିଜ ନିଜ ବିଷୟେ ।
ବଶୀଭୂତ ନ ହୋଇ ଦୁଇଟିଯାକ
ପରମାର୍ଥ ମାର୍ଗରେ ବିଘ୍ନ କାରକ ॥ (୩୪)

ଯେତେ ଅଗୁଣ ହେଉ ସ୍ୱଧର୍ମ ଶ୍ରେଷ୍ଠ
ସୁଗୁଣ ପରଧର୍ମ ବଡ଼ ଅନିଷ୍ଟ ।
ସ୍ୱଧର୍ମ ପାଳନରେ ମରଣ ଶ୍ରେୟ

ସର୍ବଦା ପରଧର୍ମ ଯେ ଭୟାବହ ॥ (୩୫)

### ଅର୍ଜୁନ ଉବାଚ

କିଏ ଜନକୁ ପାପେ ଲଗାଏ ବଳେ
ଅନିଚ୍ଛା ସତ୍ତ୍ୱେ ନର ପାପ ଆଚରେ ? (୩୬)

### ଶ୍ରୀଭଗବାନ ଉବାଚ

କାମ ଯେ କ୍ରୋଧ ରଜଗୁଣରୁ ଜାତ
ମହାଗ୍ରାସୀ ସେ ମହାପାପୀ ଶତ୍ରୁତ ॥ (୩୭)

ଧୂଆଁରେ ଅଗ୍ନି ଧୂଳିରେ ଦରପଣ
ଗର୍ଭଟି ଯଥା ଜରାୟୁ ଆବରଣ ।
ସେପରି କାମ ଦ୍ୱାରା ବିବେକ ଜ୍ଞାନ
ଆବୃତ୍ତ ହୋଇ ସତ୍ୟ ଦିଶଇ ଭ୍ରମ ॥ (୩୮)

କାମନା ଦ୍ୱାରା ସଦା ଆବୃତ ଜ୍ଞାନ
କାମନାଗ୍ନି ଅତୁଷ୍ଟ କୁନ୍ତୀନନ୍ଦନ ।
କାମନା ଜ୍ଞାନୀଜନ ନିତ୍ୟ ବଇରୀ
ଅପ୍ରଶମନ ଘୃତ ଅନଳ ପରି ॥ (୩୯)

ଦଶ ଇନ୍ଦ୍ରିୟ ମନ, ବୁଦ୍ଧି ଏ ବାର
ଅଟଇ କାମନାର ଅସଲ ଘର ।
ଏହାରି ଦ୍ୱାରା କାମ ରହି ଏ ଦେହେ
ଜ୍ଞାନ ଆବୃତ୍ତ କରି ଦେହୀକୁ ମୋହେ ॥ (୪୦)

ଜ୍ଞାନ ବିଜ୍ଞାନ ନାଶକାରୀ ଏ କାମ
ସଦା ଅତୃପ୍ତ ସେଯେ ଜାଣ ଅର୍ଜୁନ ।
ତେଣୁ ପ୍ରଥମେ ଇନ୍ଦ୍ରିୟ ବଶକରି

ଏ ପାପୀ କାମନାକୁ ପକାଅ ମାରି ॥ (୪୧)

ସ୍ଥୂଳଦେହ ଅପେକ୍ଷା ଇନ୍ଦ୍ରିୟ ଶ୍ରେଷ୍ଠ
ଇନ୍ଦ୍ରିୟଠୁଁ ମନ, ମନୁଁ ବୁଦ୍ଧି ଗରିଷ୍ଠ ।
ବୁଦ୍ଧିଠାରୁ ଅତୀବ ଯାହା ଶ୍ରେଷ୍ଠଟି
ଜାଣିଥା ଅର୍ଜ୍ଜୁନ ତାକୁ ଆତ୍ମା କହନ୍ତି ॥ (୪୨)

ଏହିପରି ବଳିଷ୍ଠ ତାହାକୁ ଜାଣି
କାମ ଶତ୍ରୁକୁ ତୁମେ ପକାଅ ହାଣି ।
ହେ ମହାବାହୁ ବୁଦ୍ଧିଦ୍ୱାରା ମନକୁ
ବଶକରି ନାଶ ଏ ଦୁର୍ଜୟ ଶତ୍ରୁକୁ ॥ (୪୩)

**ଓଁ ତତ୍ସଦିତି ଶ୍ରୀମଭଗବତ୍ ଗୀତା ସୂପନିଷତ୍ସୁ ବ୍ରହ୍ମବିଦ୍ୟାୟାଂ ଯୋଗଶାସ୍ତ୍ରେ ଶ୍ରୀକୃଷ୍ଣାର୍ଜ୍ଜୁନ ସମ୍ବାଦେ କର୍ମସନ୍ନ୍ୟାସଯୋଗୋ ନାମ ତୃତୀୟୋଧ୍ୟାୟଃ ॥ (୩)**

- ୦ -

# ଚତୁର୍ଥ ଅଧ୍ୟାୟ

**ଜ୍ଞାନ କର୍ମ ସନ୍ନ୍ୟାସ ଯୋଗ**

**ରାଗ - ଚକ୍ରକେଳି**

**"ଆହେ ଦୟାମୟ ବିଶ୍ୱବିହାରୀ" ବୃତ୍ତେ**

**ଶ୍ରୀ ଭଗବାନ ଉବାଚ**

ଏହି ଅବିନାଶୀ ଯୋଗ ଭାସ୍କରେ
କହିଥିଲି ମୁହିଁ ବହୁ ପୂର୍ବରେ ।
ଭାସ୍କର ସୁତ ମନୁଙ୍କୁ କହିଲେ
ମନୁ-ସୁତ ଇକ୍ଷ୍ୱାକୁଙ୍କୁ ବୋଇଲେ ॥ (୧)

କର୍ମଯୋଗ ଏ ଭାବେ ପରନ୍ତପ
ପରମ୍ପରା କ୍ରମେ ରାଜର୍ଷି ପ୍ରାପ୍ତ ।
ବହୁକାଳ ଏମନ୍ତେ ବିତିଗଲା
ଇହଲୋକେ ଲୁପ୍ତପ୍ରାୟ ହୋଇଲା ॥ (୨)

ଯେଣୁ ପ୍ରିୟସଖା ଭକ୍ତ ତୁ ମୋ'ରି
ତେଣୁ ସେହି କର୍ମଯୋଗ ବିସ୍ତାରି।
ଆଜ କହିଲି ଯୋଗ ପୁରାତନ
ଅତି ଉତ୍ତମ ରହସ୍ୟ କାରଣ ॥ (୩)

**ଅର୍ଜୁନ ଉବାଚ**

ଆପଣଙ୍କ ଜନ୍ମ ଏବେ ହୋଇଛି
ସୂର୍ଯ୍ୟ ବହୁତ ପୂର୍ବରୁ ଜନ୍ମିଛି।
ସୃଷ୍ଟି ଆରମ୍ଭେ ଏ ଯୋଗ ଯେ ରବି
ଶୁଣିଲେ ବୋଲି କେମନ୍ତେ ଜାଣିବି ? (୪)

**ଶ୍ରୀ ଭଗବାନ ଉବାଚ**

ମୋ'ର ତୁମର ଅନେକ ଜନମ
ବିତିଲାଣି ପରନ୍ତପ ଅର୍ଜୁନ।
ସେସବୁକୁ ମୁହିଁ ପରା ଜାଣଇ
ମାତ୍ର ତୁମେ ତାହାକୁ ଜାଣନାହିଁ ॥ (୫)

ଅଟେ ମୁଁ ଅଜନ୍ମା ଅବିନଶ୍ୱର
ହେଲେ ମଧ୍ୟ ମୁଁ ପ୍ରାଣୀଙ୍କ ଈଶ୍ୱର।
ନିଜ ପ୍ରକୃତିକୁ କରି ଆୟତ୍ତ
ଯୋଗମାୟା ବଳେ ହୁଏ ସମ୍ଭୂତ ॥ (୬)

ଯେବେ ଯେବେ ଧର୍ମ ହାନି ହୁଅଇ
ଅଧର୍ମର ପ୍ରଭାବ ବଢ଼ିଯାଇ।
ସେବେ ନିଜକୁ ସାକାର ରୂପରେ
ଧର୍ମ ରକ୍ଷାର୍ଥେ ପ୍ରକଟ ମୁଁ କରେ ॥ (୭)

ସାଧୁଜନଙ୍କୁ କରି ପରିତ୍ରାଣ
ପାପାଚାରୀ ଜନେ କରି ନିଧନ।
ଧର୍ମ ସଂସ୍ଥାପନା ପାଇଁ ମହୀରେ
ଯୁଗେ ଯୁଗେ ସମ୍ଭବଇ ତହିଁରେ ॥ (୮)

(୪ର୍ଥ)

ଦିବ୍ୟ ଅଟେ ଜନ୍ମ କର୍ମ ମୋହର
ଜାଣେ ଏକଥା ଯେ' ତତ୍ତ୍ୱ ଭାବର।
ଦେହତ୍ୟାଗେ ପୁନର୍ଜନ୍ମ ନ ପାଇ
ମୋତେ ପାଇଥାଏ ସେ ପୁଣ୍ୟଦେହୀ ॥ (୯)

ଅନୁରାଗ ଭୟ କ୍ରୋଧ ରହିତ
ମୋଠାରେ ଚିତ୍ତ ମୋହର ଆଶ୍ରିତ।
ଜ୍ଞାନ ତପରେ ପବିତ୍ର ଅନେକ
ହୋଇଛନ୍ତି ପ୍ରାପତ ମୋ ସ୍ୱରୂପ ॥ (୧୦)

ଯେପରି ଯେ ହୁଅନ୍ତି ମୋ ଶରଣ
ତାଙ୍କୁ ସେପରି କରେ ମୁଁ କଲ୍ୟାଣ।
ଯେଣୁ ମାନବ ସର୍ବୋତ ଭାବରେ
ସଦା ମୋହର ମାର୍ଗ ଅନୁସରେ ॥ (୧୧)

କର୍ମଫଳ ଇଚ୍ଛା କରି ମାନବ
ଉପାସନା କରନ୍ତି ବହୁ ଦେବ।
ଯେଣୁ ମର୍ତ୍ତ୍ୟଲୋକେ କର୍ମ ଜନିତ
ସିଦ୍ଧି ହୋଇଥାଏ ଶୀଘ୍ର ପ୍ରାପତ ॥ (୧୨)

ଗୁଣକର୍ମ ବିଭାଗ ଅନୁଯାୟୀ
ଚାରିବର୍ଣ୍ଣ ମୋ ଦ୍ୱାରା ସୃଷ୍ଟି ହୋଇ।
ଯଦିଓ ମୁହିଁ ଏହାର କରତା
ଜାଣିଥାଅ ଅବ୍ୟୟ ମୁଁ ଅକର୍ତ୍ତା ॥ (୧୩)

ନ ଥିବାରୁ ଫଳେ ସ୍ପୃହା ଅର୍ଜୁନ
କରି ନ ପାରେ ଲିପ୍ତ ମୋତେ କର୍ମ।
ଏହିଭଳି ମୋତେ ଯିଏ ଜାଣନ୍ତି
କର୍ମ ବନ୍ଧନରେ ସେ ନ ପଡ଼ନ୍ତି ॥ (୧୪)

(୪ର୍ଥ)

ଏହାଜାଣି ମୁକ୍ତିକାମୀ ପୂର୍ବରୁ
କରି ଯାଇଛନ୍ତି କର୍ମ ସୁଚାରୁ ।
ଏଣୁ ତୁମେ ବି ପୂର୍ବଜଙ୍କ ପରି
ପୂର୍ବାଚରିତ କର୍ମ ଯାଅ କରି ॥ (୧୫)

କର୍ମ ଅକର୍ମର ଗହନ ତତ୍ତ୍ୱ
ଯହିଁ ବିଦ୍ୱାନ ହୁଅନ୍ତି ମୋହିତ ।
ତାହା କହିବି ତୁମକୁ ବିସ୍ତାରି
ଜାଣି ଅଶୁଭରୁ ଯିବ ମୁକୁଳି ॥ (୧୬)

କର୍ମ ଅକର୍ମ ବିକର୍ମର ତତ୍ତ୍ୱ
ଗହନ ଗତି ଜାଣିବା ଉଚିତ ॥ (୧୭)

କର୍ମେ ଅକର୍ମ ଅକର୍ମରେ କର୍ମ
ଯିଏ ଦେଖେ ସେ ଅଟେ ବୁଦ୍ଧିମାନ ।
ମନୁଷ୍ୟ ମଧ୍ୟେ ସେହି ଅଟେ ଯୋଗୀ
ବୁଦ୍ଧିମାନ ସେ କର୍ମ ଅନୁରାଗୀ ॥ (୧୮)

ଯାହାର କର୍ମ ସଙ୍କଳ୍ପ ମୁକତ
ସର୍ବ ଆରମ୍ଭ କାମନା ବର୍ଜିତ ।
ଜ୍ଞାନ ଅଗ୍ନିରେ ଭସ୍ମ ଯା'ର କର୍ମ
ତାଙ୍କୁ ପଣ୍ଡିତ କହେ ଜ୍ଞାନୀଜନ ॥ (୧୯)

କର୍ମାସକ୍ତି କର୍ମଫଳ ଆସକ୍ତି
ତେଜି ସଦାତୃପ୍ତ ଯେହୁ ରହନ୍ତି ।
ସର୍ବକର୍ମେ ହୋଇ ମଧ୍ୟ ପ୍ରବୃତ୍ତ
କିଛି କରନ୍ତି ନାହିଁ ସେ ବସ୍ତୁତଃ ॥ (୨୦)

ଆଶାରହିତ ଚିତ୍ତାତ୍ମା ସଂଯମୀ
ସର୍ବପରିଗ୍ରହ ତେଜି ସୁଜ୍ଞାନୀ ।
କଲେ ସକଳ କର୍ମ କର୍ମଯୋଗୀ
କେଭେଁ ନୁହନ୍ତି ସେ ଯେ ପାପଭାଗୀ ॥ (୨୧)

ଆପେ ମିଳେ ଯାହାକିଛି ସେଥିରେ
ତୃପ୍ତ ରହେ ଯେ ସିଦ୍ଧି ଅସିଦ୍ଧିରେ ।
ସମ ରହେ ଈର୍ଷା ଦ୍ୱନ୍ଦ୍ୱ ରହିତ
କର୍ମକରି କର୍ତ୍ତା ବନ୍ଧନମୁକ୍ତ ॥ (୨୨)

ଅନାସକ୍ତ, ମୁକ୍ତ ସେ ଯଜ୍ଞରତ
ଯାହା ଚିତ୍ତ ଜ୍ଞାନରେ ପ୍ରତିଷ୍ଠିତ ।
ସମଗ୍ର କର୍ମ ସେ ଯୋଗୀ ଜନର
ବିଲୀନ ଯେ ହୁଏ ମହାଶୂନ୍ୟର ॥ (୨୩)

ଯେଉଁ କର୍ମଯଜ୍ଞରେ ଅଗ୍ନି ବ୍ରହ୍ମ
ଅର୍ପଣ ବ୍ରହ୍ମ, ହବ୍ୟ ଦ୍ରବ୍ୟ ବ୍ରହ୍ମ ।
ଆହୂତି ବ୍ରହ୍ମ, କର୍ତ୍ତା କ୍ରିୟା ବ୍ରହ୍ମ
ବ୍ରହ୍ମେ କର୍ମସମାଧି ଫଳ ବ୍ରହ୍ମ ॥ (୨୪)

କେହି ଯୋଗୀ ଦୈବଯଜ୍ଞ କରନ୍ତି
ଉତ୍ତମ ଭାବେ ଦେବତା ପୂଜନ୍ତି ।
ଅନ୍ୟ କେହି ଯୋଗୀ ବ୍ରହ୍ମ ଅଗ୍ନିରେ
ଯଜ୍ଞ ଦ୍ୱାରା ଯଜ୍ଞକୁ ହୋମକରେ ॥ (୨୫)

ଅନ୍ୟେ ପଞ୍ଚ ତନ୍ମାତ୍ରା ଶବ୍ଦଆଦି
ଇନ୍ଦ୍ରିୟାଗ୍ନିରେ ଦିଅନ୍ତି ଆହୂତି ।
ଶ୍ରୋତ୍ରାଦି ଇନ୍ଦ୍ରିୟକୁ ସଂଯମାଗ୍ନି
ଜାଳି ଆହୂତି ଦିଅନ୍ତି କେ ଯୋଗୀ ॥ (୨୬)

ଅନ୍ୟକେହି ସର୍ବ ଇନ୍ଦ୍ରିୟ କ୍ରିୟା
କେହି ସଂଯମୀ ସର୍ବ ପ୍ରାଣକ୍ରିୟା।
ଆତ୍ମସଂଯମ ଯୋଗାଗ୍ନି ଆହୂତି
ଜ୍ଞାନଦୀପର ପ୍ରକାଶେ ଦିଅନ୍ତି ॥ (୨୭)

ବ୍ରତନିଷ୍ଠ ଯତ୍ନଶୀଳ ସାଧକ
ଦ୍ରବ୍ୟଯଜ୍ଞ କରିଥାନ୍ତି କେତେକ।
ତପଯଜ୍ଞ, ଯୋଗଯଜ୍ଞ ଆଚରି
ଜ୍ଞାନଯଜ୍ଞ ସ୍ୱାଧ୍ୟାୟ ଥାନ୍ତି କରି ॥ (୨୮)

ପ୍ରାଣାୟାମ ପରାୟଣ କେତେକ
ପ୍ରାଣ ଅପାନର ଗତି ରୋଧକ।
ଅପାନରେ ଆହୂତି ଦେଇ ପ୍ରାଣ
ପ୍ରାଣବାୟୁରେ ମିଶାନ୍ତି ଅପାନ ॥ (୨୯)

କେହି ସାଧକ ନିୟତ ଆହାରୀ
ଯଜ୍ଞ ଦ୍ୱାରା ପାପ ବିନାଶ କରି।
ଦେଇ ପ୍ରାଣକୁ ପ୍ରାଣରେ ଆହୂତି
ସର୍ବେ ଯଜ୍ଞ ବିଷୟରେ ଜାଣନ୍ତି ॥ (୩୦)

ଯଜ୍ଞୋତ୍ପନ୍ନ ଅବଶେଷ ଅମୃତ
ଭୁଞ୍ଜି ସନାତନ ବ୍ରହ୍ମ ପ୍ରାପତ।
ଯଜ୍ଞହୀନେ ଇହଲୋକ ଅସୁଖ
କାହୁଁ ପରଲୋକେ ମିଳିବ ସୁଖ ॥ (୩୧)

ଏହିଭଳି ଯଜ୍ଞ ବହୁ ପ୍ରକାର
ବେଦମୁଖରେ ହୋଇଛି ବିସ୍ତାର।
ସକଳ ଯଜ୍ଞ କର୍ମଜାତ ଜାଣ
ଯଜ୍ଞେ ଦୂରହୁଏ କର୍ମ ବନ୍ଧନ ॥ (୩୨)

ଦ୍ରବ୍ୟମୟ ଯଜ୍ଞରୁ ଜ୍ଞାନଯଜ୍ଞ
ଶ୍ରେଷ୍ଠ ଅଟଇ ସର୍ବଦା ଅନଘ।
ସମସ୍ତ କର୍ମ ଅଖିଳ ସଂସାର
ଇତି ହୋଇଯାଏ ତତ୍ତ୍ୱଜ୍ଞାନର ॥ (୩୩)

ତତ୍ତ୍ୱଦର୍ଶୀଙ୍କୁ ପ୍ରଣିପାତ କଲେ
ପରିପ୍ରଶ୍ନ ଦ୍ୱାରା ତାଙ୍କୁ ସେବିଲେ।
ଦେବେ ତତ୍ତ୍ୱଜ୍ଞାନର ଉପଦେଶ
ଅନୁଭବୀ ଜ୍ଞାନୀ ମହାପୁରୁଷ ॥ (୩୪)

ଯାହା ଜାଣିଗଲା ପରେ ପାଣ୍ଡବ
ପୁନର୍ବାର ମୋହଗ୍ରସ୍ତ ନ ହେବ।
ଯାହାଦ୍ୱାରା ପ୍ରଥମେ ନିଜଠାରେ
ପରେ ପ୍ରାଣୀଙ୍କୁ ଦେଖିବ ମୋ'ଠାରେ ॥ (୩୫)

ସବୁ ପାପୀଙ୍କ ଠାରୁ ବି ଅଧିକ
ପାପୀ ହୋଇଥାଅ ଯଦି ଅନଘ
ତଥାପି ମଧ୍ୟ ଚଢ଼ି ଜ୍ଞାନ ନାବ
ପାପ ସମୁଦ୍ର ନିଶ୍ଚେ ତରିଯିବ ॥ (୩୬)

ଇନ୍ଧନକୁ ଯେ ଅଗ୍ନିଶିଖା ଯଥା
ଭସ୍ମୀଭୂତ କରିଦିଏ ସର୍ବଥା।
ତଥା ପ୍ରଜ୍ୱଳିତ ଜ୍ଞାନ ଅନଳ
ଭସ୍ମୀଭୂତ କରେ କର୍ମ ସକଳ ॥ (୩୭)

ଜ୍ଞାନ ସଦୃଶ ପବିତ୍ର କାରକ
ଅନ୍ୟ କିଛିତ ନାହିଁ ଇହଲୋକ।
ଯୋଗସିଦ୍ଧ କର୍ମଯୋଗୀ ବିଶେଷ
ନିଜ ହୃଦେ ଜ୍ଞାନ ଲଭେ ଅବଶ୍ୟ ॥ (୩୮)

ଶ୍ରଦ୍ଧାବାନ ସାଧନା ପରାୟଣ
ଜିତେନ୍ଦ୍ରିୟ ଲଭଇ ସେହି ଜ୍ଞାନ।
ଜ୍ଞାନ ଲଭି ଯତି ପରମ ଶାନ୍ତି
ସେ ଯେ ଅଚିରେ ପ୍ରାପତ ହୁଅନ୍ତି ॥ (୩୯)

ଜ୍ଞାନହୀନ ଆଉ ଶ୍ରଦ୍ଧା ରହିତ
ସଂଶୟାତ୍ମା ନର ସଦା ପତିତ।
ଇହଲୋକ ପରଲୋକ ତାହାର
ନ ହୁଏ ହିତକର ସୁଖକର ॥ (୪୦)

ଯା'ର ଜ୍ଞାନ ଦ୍ୱାରା ସଂଶୟ ନଷ୍ଟ
ଯୋଗଦ୍ୱାରା ସର୍ବକର୍ମ ସନ୍ନ୍ୟସ୍ତ।
ଧନଞ୍ଜୟ ସେ ଯୋଗୀ ଆତ୍ମବନ୍ତେ
ବାନ୍ଧି ନ ପାରେ କର୍ମସବୁ ଯେତେ ॥ (୪୧)

ହୃଦୟର ଏ ଅଜ୍ଞାନ ସମ୍ଭୂତ
ସଂଶୟକୁ ଜ୍ଞାନ ଖଡ୍ଗେ ଭାରତ।
କରି ଛେଦନ ଯୋଗେ ସ୍ଥିତହୁଅ
ଏବେ ଉଠି ତୁ ଠିଆ ହୋଇଯାଅ ॥ (୪୨)

**ଓଁ ତତ୍ସଦିତି ଶ୍ରୀମଦ୍ଭଗବଦ୍ ଗୀତାସୁପନିଷତ୍ସୁ ବ୍ରହ୍ମବିଦ୍ୟାୟାଂ ଯୋଗଶାସ୍ତ୍ରେ ଶ୍ରୀକୃଷ୍ଣାର୍ଜୁନସମ୍ବାଦେ ଜ୍ଞାନକର୍ମସନ୍ନ୍ୟାସଯୋଗୋ ନାମ ଚତୁର୍ଥୋଧ୍ୟାୟଃ ॥ (୪)**

- ୦ -

# ପଞ୍ଚମ ଅଧ୍ୟାୟ

## କର୍ମ ସନ୍ନ୍ୟାସ ଯୋଗ

**ରାଗ - ଜୟନ୍ତ**

**"ଧୀରେ ଘେନ କାନନରେ କୃଷ୍ଣ ବିଳମ୍ବିତ" ବୃତ୍ତେ**

**ଅର୍ଜୁନ ଉବାଚ**

କର୍ମର ସନ୍ନ୍ୟାସ ପୁଣି କର୍ମର ଯୋଗକୁ
ପ୍ରଶଂସା ତ କରୁଅଛ ଉଭୟ ଦିଗକୁ, କୃଷ୍ଣ କେଶବ ହେ।
ଏ ଦୁଇରୁ ଯେଉଁଟି ମୋ ପାଇଁ ଶ୍ରେୟ ଅଟେ
ନିଶ୍ଚିତ କରି କହନ୍ତୁ ଆହେ ପ୍ରଭୁ ମୋତେ, କୃଷ୍ଣ କେଶବ ହେ। (୧)

**ଶ୍ରୀ ଭଗବାନ ଉବାଚ**

କର୍ମତ୍ୟାଗ କର୍ମଯୋଗ ଉଭୟ ଉତ୍ତମ
ଏ ଦୁଇ ମଧ୍ୟରୁ କର୍ମଯୋଗ ଶ୍ରେୟତମ। ଆହେ ମହାବାହୁ ॥ (୨)

ଦ୍ୱେଷ କି ଆକାଂକ୍ଷା କରେନାହିଁ ଯେଉଁ ଜନ
ତାହାକୁ ନିତ୍ୟ ସନ୍ନ୍ୟାସୀ ବୋଲି ତୁମେ ଜାଣ। ଆହେ ମହାବାହୁ।
ଏହି ଦ୍ୱନ୍ଦ୍ୱାତୀତ ଜନ ସଂସାର ବନ୍ଧନୁଁ
ସୁଖେ ମୁକ୍ତ ହୋଇଯାଏ ଜାଣ ଏକାରଣୁ, ଆହେ ମହାବାହୁ ॥ (୩)

ସାଂଖ୍ୟ ଆଉ କର୍ମ ପୃଥକ ଫଳ ପ୍ରଦାନ
କରେ ପଣ୍ଡିତ ନ କହେ, କହେ ଅଜ୍ଞଜନ। ଆହେ ମହାବାହୁ।
ଏ ଦୁଇରୁ ଗୋଟିଏରେ ଭଲରୂପେ ସ୍ଥିତ
ହେଲେ ଉଭୟର ଫଳ ହୁଅଇ ପ୍ରାପତ। ଆହେ ମହାବାହୁ ॥ (୪)

ସାଂଖ୍ୟଯୋଗୀ ଯେଉଁ ସ୍ଥାନ ପ୍ରାପତ ହୁଅନ୍ତି
କର୍ମଯୋଗୀ ମଧ୍ୟ ସେହି ସ୍ଥାନକୁ ଯାଆନ୍ତି। ଆହେ ମହାବାହୁ।
ସାଂଖ୍ୟକୁ ଯୋଗକୁ ଯିଏ ଏକା ବୋଲି ଦେଖେ
ଯଥାର୍ଥ ଦର୍ଶନ ସିଏ କରଇ ପ୍ରତ୍ୟକ୍ଷେ। ଆହେ ମହାବାହୁ ॥ (୫)

କର୍ମଯୋଗ ବିନା କର୍ମତ୍ୟାଗ ସିଦ୍ଧି କଷ୍ଟ
କର୍ମଯୋଗୀ ମୁନି ହୁଏ ଶୀଘ୍ର ବ୍ରହ୍ମନିଷ୍ଠ, ଆହେ ମହାବାହୁ ॥ (୬)

ବିଶୁଦ୍ଧାତ୍ମା ବିଜିତାତ୍ମା ଜିତେନ୍ଦ୍ରିୟ ଯୋଗୀ
ସର୍ବପ୍ରାଣୀ ଆତ୍ମାରେ ଯେ ଆତ୍ମ-ଅନୁରାଗୀ। ଆହେ ମହାବାହୁ।
ସେ ନିଷ୍କାମ କର୍ମଯୋଗୀ ଜାଣ ଆହେ ପାର୍ଥ
ସର୍ବକର୍ମ କରି ସେହି କର୍ମେ ନୋହେ ଲିପ୍ତ। ଆହେ ମହାବାହୁ ॥ (୭)

ତତ୍ତ୍ୱଜ୍ଞାନୀ ସାଂଖ୍ୟଯୋଗୀ ସବୁକିଛି କରି
ଦେଖି ଶୁଣି ଛୁଇଁ ଶୁଙ୍ଘି ନେଇ ଖାଇ ଚାଲି। ଆହେ ମହାବାହୁ।
ଶ୍ୱାସକ୍ରିୟା କରି ତ୍ୟାଗକରି କହି ଶୋଇ
ଆଖିଖୋଲି ଆଖିବୁଜି କିଛି ନ କରଇ। ଆହେ ମହାବାହୁ ॥ (୮)

ଇନ୍ଦ୍ରିୟ ନିଜ ବିଷୟେ ହୁଅଇ ପ୍ରବୃତ୍ତ
ବୋଲି ମନରେ ଧାରଣା କରିବା ଉଚିତ। ଆହେ ମହାବାହୁ ॥ (୯)

ଯେ ସକଳ କର୍ମ କରେ ବ୍ରହ୍ମରେ ଅର୍ପଣ
ନିରନ୍ତର କରୁଥାଇ ନିରାସକ୍ତ କର୍ମ। ଆହେ ମହାବାହୁ।
ପଦ୍ମପତ୍ର ଜଳେଥାଇ ଯେପରି ନିର୍ଲିପ୍ତ
ସେପରି ସେ ପାପଦ୍ୱାରା ନହୁଅଇ ଲିପ୍ତ। ଆହେ ମହାବାହୁ। (୧୦)

କର୍ମଯୋଗୀ ଦେହ ମନ ବୁଦ୍ଧିନ୍ଦ୍ରିୟ ଦେଇ
ନିରାସକ୍ତ କର୍ମ କରେ ଆତ୍ମଶୁଦ୍ଧି ପାଇଁ, ଆହେ ମହାବାହୁ ॥ (୧୧)

କର୍ମଯୋଗୀ ସର୍ବ କର୍ମଫଳକୁ ତେଜିଣ
ପ୍ରାପ୍ତ ହୁଏ ନଇଷ୍ଠିକୀ ଶାନ୍ତି ଚିରନ୍ତନ। ଆହେ ମହାବାହୁ।
ଅଯୋଗୀ କର୍ମଫଳର କାମନା ରଖିଣ
ଫଳ ଆସକ୍ତି ଦ୍ୱାରା ସେ ହୁଅଇ ବନ୍ଧନ। ଆହେ ମହାବାହୁ ॥ (୧୨)

ମନ ମଧ୍ୟରୁ ସକଳ କର୍ମ ତ୍ୟାଗକରି
ନିଃସନ୍ଦେହେ କିଛି ସେ ନା କରାଏ ନା କରି। ଆହେ ମହାବାହୁ।
ନବଦ୍ୱାର ଶରୀରରେ ବଶୀଭୂତ ଦେହୀ
ସ୍ୱୟଂ ନିଜ ସ୍ୱରୂପରେ ସୁଖେ ଥାଏ ରହି। ଆହେ ମହାବାହୁ ॥ (୧୩)

କର୍ମ କର୍ମଫଳ କର୍ତ୍ତାପଣ ଆଦି ସବୁ
କର୍ମ ସହ ଫଳ ଯୋଗ ନ କରନ୍ତି ପ୍ରଭୁ। ଆହେ ମହାବାହୁ।
ତ୍ରିଗୁଣ ବଶରେ ପ୍ରାଣୀ କର୍ମଫଳ ସଙ୍ଗେ
ଜଡ଼ିତ ହୁଅଇ ସ୍ୱୟଂ ପ୍ରକୃତି ସ୍ୱଭାବେ। ଆହେ ମହାବାହୁ ॥ (୧୪)

ପରମାତ୍ମା କାହା ପୁଣ୍ୟକର୍ମ ପାପକର୍ମ
କରନ୍ତି ନାହିଁ କଦାପି କିଛିବି ଗ୍ରହଣ। ଆହେ ମହାବାହୁ।
ଅଜ୍ଞାନତା ଦ୍ୱାରା ଜ୍ଞାନ ହୋଇଛି ଆବୃତ୍ତ
ଏଣୁକରି ଜୀବଗଣେ ହୁଅନ୍ତି ମୋହିତ। ଆହେ ମହାବାହୁ ॥ (୧୫)

ଆତ୍ମଜ୍ଞାନ ଦ୍ୱାରା ଯିଏ ଅଜ୍ଞାନକୁ ନାଶେ
ସୂର୍ଯ୍ୟସମ ସେହିଜ୍ଞାନ ପରମେ ପ୍ରକାଶେ, ଆହେ ମହାବାହୁ ॥ (୧୬)

ଜ୍ଞାନ ଦ୍ୱାରା ପାପମୁକ୍ତ ସେ ପୁରୁଷଗଣ
ତଦବୁଦ୍ଧି ତଦାତ୍ମା ତନ୍ନିଷ୍ଠା ତତ୍ପରାୟଣ। ଆହେ ମହାବାହୁ।
ହୋଇ ପ୍ରାପତ ହୁଅନ୍ତି ସେ ପରମଗତି
ଲଭନ୍ତି ଯେ ପଥ ତାହା ଅପୁନରାବୃତ୍ତି। ଆହେ ମହାବାହୁ ॥ (୧୭)

ବିଦ୍ୟାବିନୟୀ ବ୍ରାହ୍ମଣ ଚଣ୍ଡାଳ ଯେ ହସ୍ତୀ
ଗାଈ ଶ୍ୱାନଠାରେ ସମ ପଣ୍ଡିତେ ଦେଖନ୍ତି। ଆହେ ମହାବାହୁ ॥ (୧୮)

ଯାହାର ଅନ୍ତଃକରଣ ସମତାରେ ସ୍ଥିତ
ସଂସାରକୁ ଜିଣିଥାନ୍ତି ସେ ଇହ ଜନ୍ମେତ। ଆହେ ମହାବାହୁ।
ସଦା ସମ ନିର୍ଦ୍ଦୋଷ ଅଟଇ ବ୍ରହ୍ମ ଯେଣୁ
ସେ ସମତ୍ୱ ଯୋଗୀ ବ୍ରହ୍ମେ ଅବସ୍ଥିତ ତେଣୁ। ଆହେ ମହାବାହୁ ॥ (୧୯)

ହର୍ଷିତ ନ ହୁଏ ଯେହୁ ପ୍ରିୟବସ୍ତୁ ପାଇ
ଅପ୍ରିୟ ପ୍ରାପ୍ତିରେ ମଧ୍ୟ ଉଦବିଗ୍ନ ନୋହି। ଆହେ ମହାବାହୁ।
ଯୁକ୍ତ ସେହି ସ୍ଥିରବୁଦ୍ଧି ସଂଶୟ ରହିତ
ବ୍ରହ୍ମଜ୍ଞ ମନୁଷ୍ୟ ଥାଏ ବ୍ରହ୍ମେ ଅବସ୍ଥିତ। ଆହେ ମହାବାହୁ ॥ (୨୦)

ବାହ୍ୟସୁଖେ ଅନାସକ୍ତ ରହେ ଯେ ସାଧକ
ଅନ୍ତଃକରଣରେ ଲଭେ ସେ ସାତ୍ତ୍ୱିକ ସୁଖ। ଆହେ ମହାବାହୁ।
ବ୍ରହ୍ମରେ ସେ ସ୍ଥିର ରହେ ଅଭିନ୍ନ ଭାବରେ
ନିତ୍ୟ ସେ ଅଖଣ୍ଡ ସୁଖ ଅନୁଭବ କରେ। ଆହେ ମହାବାହୁ ॥ (୨୧)

ଇନ୍ଦ୍ରିୟ ବିଷୟ ସଂସ୍ପର୍ଶରୁ ଭୋଗସୁଖ
ଉତ୍ପନ୍ନ ହୁଅଇ ଯାହା ଆଦିଅନ୍ତ ଯୁକ୍ତ। ଆହେ ମହାବାହୁ।
ଦୁଃଖରୁ ସୃଷ୍ଟି ସେ ସୁଖ, ସେ ଦୁଃଖ କାରଣ
ବିବେକୀ ଜନ ସେଥିରେ ନ କରେ ରମଣ। ଆହେ ମହାବାହୁ ॥ (୨୨)

କାମକ୍ରୋଧ ଜାତ ବେଗ ସହ୍ୟରେ ସମର୍ଥ
ହୋଇପାରେ ଯେ ସଂଯମୀ ସାଧକ ଯଥାର୍ଥ। ଆହେ ମହାବାହୁ।
ଶରୀର ତ୍ୟାଗ ପୂର୍ବରୁ ଏହା ଯିଏ କରେ
ଇହଲୋକେ ସେହି ନର ସୁଖୀ ବାସ୍ତବରେ। ଆହେ ମହାବାହୁ ॥ (୨୩)

ଅନ୍ତର୍ସୁଖ ପାଇ ଅନ୍ତରାତ୍ମାରେ ରମଣ
ଅନ୍ତର୍ଜ୍ୟୋତି ଜାଳି ପାଏ ପରମାତ୍ମ ଜ୍ଞାନ। ଆହେ ମହାବାହୁ।
ବ୍ରହ୍ମସ୍ୱରୂପରେ ଯିଏ ନିତ୍ୟ ଥାଏ ସ୍ଥିତ
ସେହି ସାଂଖ୍ୟଯୋଗୀ ବ୍ରହ୍ମନିର୍ବାଣ ପ୍ରାପତ। ଆହେ ମହାବାହୁ ॥ (୨୪)

ଯେହୁ ଦ୍ୱନ୍ଦ୍ୱାତୀତ ସର୍ବଭୂତ ହିତେ ରତ
ଶରୀର ଇନ୍ଦ୍ରିୟ ମନ ବୁଦ୍ଧି ଯା' ସଂଯତ। ଆହେ ମହାବାହୁ।
ଯା' ପାପ ନଷ୍ଟ, ସଂଶୟ ହୋଇଛି ମୋଚନ
ସେ ବିବେକୀ ଋଷି ଲଭନ୍ତି ବ୍ରହ୍ମନିର୍ବାଣ। ଆହେ ମହାବାହୁ ॥ (୨୫)

କାମକ୍ରୋଧମୁକ୍ତ ଜିତମନା ଆତ୍ମଦର୍ଶୀ
ଯତିପାଇଁ ସର୍ବଦିଗୁଁ ବ୍ରହ୍ମ ପୂର୍ଣ୍ଣ ଅଛି, ଆହେ ମହାବାହୁ ॥ (୨୬)

ବାହ୍ୟ ଭୋଗକୁ ବାହାରେ ପରିତ୍ୟାଗ କରି
ଦୁଇ ଭ୍ରୂଲତା ମଧ୍ୟରେ ନେତ୍ରଦୃଷ୍ଟି ଭରି। ଆହେ ମହାବାହୁ।
ନାସିକାରେ ଗତାଗତ ପ୍ରାଣ ଯେ ଅପାନ
ସମ କରିଥାଏ ଯେଉଁ ମୋକ୍ଷ ପରାୟଣ। ଆହେ ମହାବାହୁ ॥ (୨୭)

ମନ ବୁଦ୍ଧି ଇନ୍ଦ୍ରିୟ ଯାହାର ବଶୀଭୂତ
ଇଚ୍ଛା ଭୟ କ୍ରୋଧରୁ ଯେ ସର୍ବଥା ରହିତ। ଆହେ ମହାବାହୁ।
ନଶ୍ୱର ସଂସାର ସହ ସମ୍ବନ୍ଧ ନ ମାନି
ସଦା ମୁକ୍ତ ଥାଏ ଏ ସଂସାରେ ସେହି ମୁନି। ଆହେ ମହାବାହୁ ॥ (୨୭-୨୮)

ଯଜ୍ଞ ତପ ଭୋକ୍ତା ସର୍ବଲୋକ ମହେଶ୍ୱର
ଅଟଇ ମୁଁ ସୁହୃଦ ସକଳ ପ୍ରାଣୀଙ୍କର। ଆହେ ମହାବାହୁ।
ଏହା ଜାଣି ସଦା ଯିଏ କରେ ମୋତେ ଭକ୍ତି
ସଦାକାଳେ ଲଭୁଥାନ୍ତି ସେ ପରମ ଶାନ୍ତି। ଆହେ ମହାବାହୁ ॥ (୨୯)

**ଓଁ ତତ୍ସଦିତି ଶ୍ରୀମଦ୍ଭଗବତ୍ ଗୀତାସୂପନିଷତ୍ସୁ ବ୍ରହ୍ମବିଦ୍ୟାୟାଂ ଯୋଗଶାସ୍ତ୍ରେ ଶ୍ରୀକୃଷ୍ଣାର୍ଜୁନ ସମ୍ବାଦେ କର୍ମସନ୍ନ୍ୟାସଯୋଗୋ ନାମ ପଞ୍ଚମୋଽଧ୍ୟାୟଃ ॥ (୫)**

- o -

# ଷଷ୍ଠ ଅଧ୍ୟାୟ

**ଆତ୍ମସଂଯମ ଯୋଗ**

**ରାଗ - ଚୋଖି**

**"ବିତଳକୁ ଆଲିଙ୍ଗନ କରି ଜାହ୍ନବୀ ଶୋଭନ" ବୃତ୍ତେ**

**ଶ୍ରୀ ଭଗବାନ ଉବାଚ**

ଯେ ମନୁଷ୍ୟ କର୍ମଫଳେ ଆଶ୍ରିତ ନ ହୋଇ ଚଳେ
କର୍ମେ ରତଥାଏ ସେ ସନ୍ନ୍ୟାସୀ ସେ ଯୋଗୀ
କର୍ମ ତ୍ୟାଗ କରିଦେଲେ ଯୋଗୀ ନ ବୋଲାଏ ଭଲେ
ସନ୍ନ୍ୟାସୀ ବି ନବୋଲାଏ ତେଜିଣ ଅଗ୍ନି
ସନ୍ନ୍ୟାସକୁ ଜାଣ ତୁ ଯୋଗ
ଯୋଗୀ ନୋହିବ ନ କଲେ ସଂକଳ୍ପ ତ୍ୟାଗ ॥ (୧-୨)

ସମତା ଯୋଗରେ ଯିଏ ଆରୂଢ଼ ହେବାକୁ ଚାହେଁ
ସେ ମୁନିର ପାଳନୀୟ ନିଷ୍କାମ କର୍ମ
ସେହି ଯୋଗାରୂଢ଼ ପାଇଁ ଶମ କାରଣ ବୋଲାଇ
ଯେବେ କର୍ମେ, ଭୋଗେ ଅନାସକ୍ତ ତା' ମନ
ସମସ୍ତ ସଙ୍କଳ୍ପ ତେଜିଲେ
ତାଙ୍କୁ ଯୋଗାରୂଢ଼ କହନ୍ତି ସେତେବେଳେ ॥ (୩-୪)

ନିଜଦ୍ୱାରା ତୁ ନିଜର ଆତ୍ମାକୁ ଉଦ୍ଧାର କର
ନିଜେ କେଭେଁ ନିଜର ପତନ ନ କର
ନିଜେତ ସବୁ ନିଜର ନିଜେ ବନ୍ଧୁ ନିଜେ ପର
ନିଜକୁ ଯେ ଜୟକରେ ମିତ୍ର ନିଜର
ଯେ ନିଜକୁ ଜୟ ନ କରେ
ସେ ଅନାତ୍ମା ନିଜଶତ୍ରୁ ପରି ବିହରେ ॥ (୫-୬)

ସୁଖ ଦୁଃଖ ଶୀତ ଉଷ୍ଣେ ତଥା ମାନ ଅପମାନେ
ନିର୍ବିକାର ରହୁଥିବା ଆତ୍ମବିଜିତ
ଜ୍ଞାନ ବିଜ୍ଞାନରେ ତୃପ୍ତ ପରମାତ୍ମା ନିତ୍ୟ ପ୍ରାପ୍ତ
କୂଟପରି ଅବିଚଳ ଇନ୍ଦ୍ରିୟଜିତ
ଯୁକ୍ତ-ଯୋଗୀ ତାକୁ କହନ୍ତି
ମାଟି ପଥର ସୁନାରେ ଯା ସମମତି ॥ (୭-୮)

ସୁହୃଦ୍ ମିତ୍ର ଉଦାସୀନ ଶତ୍ରୁ ମଧ୍ୟସ୍ଥ ଯେ ଘୃଣ୍ୟ
ପ୍ରିୟବନ୍ଧୁ ସାଧୁ ପାପୀମାନଙ୍କ ପ୍ରତି
ସମବୁଦ୍ଧି ଆଚରଣ କରି ଶ୍ରେଷ୍ଠ ହୁଏ ଜନ
ସଂଯତ ଚିତ୍ତାତ୍ମା ଭୋଗରହିତ ଯତି
ଆଶାଶୂନ୍ୟ ଅପରିଗ୍ରହୀ
ନିରନ୍ତର ଧ୍ୟାୟି ଆତ୍ମା ଏକାନ୍ତେ ରହି ॥ (୯-୧୦)

ପବିତ୍ର ସ୍ଥାନେ ଆସନ ସ୍ଥିର ଭାବରେ ସ୍ଥାପନ
କରି କୁଶ ମୃଗଚର୍ମ ବସ୍ତ୍ରକୁ ପାରି
ନାତିନୀଚ ନାତିଉଚ୍ଚ ଆସନେ ଏକାଗ୍ର ଚିତ୍ତ
ହୋଇ ବସ ମନ ଇନ୍ଦ୍ରି ଆୟତ୍ତ କରି
ଅନ୍ତଃକରଣ ଶୁଦ୍ଧି ଅର୍ଥେ
ନିରନ୍ତର ଯୋଗାଭ୍ୟାସ କର ଉଚିତେ ॥ (୧୧-୧୨)

ଶରୀର ଗ୍ରୀବା ଯେ ଶିର ଅବିଚଳ ସିଧା ସ୍ଥିର
ରଖି କୌଣସି ଦିଗକୁ ନ ଦେଇ ଦୃଷ୍ଟି
ନାସିକାର ଅଗ୍ରଭାଗେ ଦୃଷ୍ଟିରଖି ସ୍ଥିରଭାବେ
ସତର୍କ ଯୋଗୀ ମୋଠାରେ ଚିତ୍ତ ନିବେଷ୍ଟି
ବ୍ରହ୍ମଚାରୀ ପ୍ରଶାନ୍ତ ଆତ୍ମା
ମନ ସଂଯମୀ ନିର୍ଭୟୀ ମତ୍ପରାୟଣା ॥ (୧୩-୧୪)

ନିୟତମନା ଯେ ଯୋଗୀ ସର୍ବଦା ମନକୁ ଜଗି
ପରମାତ୍ମା ଠାରେ କରି ମନ ନିଯୁକ୍ତ
ନିର୍ବାଣ ପରମ ଶାନ୍ତି ମୋ'ଠାରେ ଯା' ନିତ୍ୟସ୍ଥିତି
ସମ୍ପୂର୍ଣ୍ଣ ଭାବେ ତାହାକୁ ହୁଅନ୍ତି ପ୍ରାପ୍ତ
ଅତିଭୋଜୀ ଅଭୋଜୀ ବିଦ୍ଧି
ଅନିଦ୍ର ନିଦ୍ରାଶୀଳର ଯୋଗ ଅସିଦ୍ଧି ॥ (୧୫-୧୬)

ଉଚିତାହାରୀ ବିହାରୀ ସୁକର୍ମ ସୁଚେଷ୍ଟାକାରୀ
ଶୟନ ଜାଗରଣ ଯେ କରେ ଉଚିତ
ଏ ଦୁଃଖନାଶକ ଯୋଗ ସିଦ୍ଧହୁଏ ତା'ର ଆଗ
ବଶୀକୃତ ଚିତ୍ତ ଯେବେ ସ୍ୱରୂପେ ସ୍ଥିତ
ସର୍ବ କାମନାରୁ ନିଃସ୍ପୃହ
ସେତେବେଳେ ତାକୁ ଯୋଗୀ ବୋଲି ତୁ କହ ॥ (୧୭-୧୮)

ନିସ୍ପନ୍ଦ ବାୟୁ ମଧ୍ୟର ଯଥା ଦୀପଶିଖା ସ୍ଥିର
ସେହିପରି ଯୋଗାଭ୍ୟାସ ରତ ଯୋଗୀର
ନିରୁଦ୍ଧ ସଂଯତ ଚିତ୍ତ ହୋଇଯାଏ ଉପରତ
ଯେଉଁ ଅବସ୍ଥାରେ ନିଜଦ୍ୱାରା ନିଜର
ଆତ୍ମାକୁ କରନ୍ତି ଦର୍ଶନ
ନିଜଠାରେ ନିଜେ ତୁଷ୍ଟ ସେ ଯୋଗୀଜନ ॥ (୧୯-୨୦)

ଯେଉଁ ସୁଖ ଅତୀନ୍ଦ୍ରିୟ ଆତ୍ୟନ୍ତିକ ବୁଦ୍ଧିଗ୍ରାହ୍ୟ
ଯେଉଁ ଅବସ୍ଥାରେ ତାକୁ ସେ ଅନୁଭବି
ସେ ସୁଖରେ ହୋଇସ୍ଥିତ ହୁଏନାହିଁ ବିଚଳିତ
ଏ ଲାଭ ପାଇ ଅଧିକ ନ ଚାହେଁ ଯୋଗୀ
ଯେଉଁ ଧ୍ୟାନେ ହୋଇଲେ ସ୍ଥିତ
ମହାଦୁଃଖରେ ବି ରହେ ଅବିଚଳିତ ॥ (୨୧-୨୨)

ଯାହା ଦୁଃଖର ବିଯୋଗ କରେ ତାହା ଜାଣ ଯୋଗ
ଅଧୈର୍ଯ୍ୟ ଚିତ୍ତ ନ ହୋଇ ଯୋଗ ସାଧିବ
ସକଳ କାମ ସଂକଳ୍ପ ଦୃଢ଼ନିଶ୍ଚୟପୂର୍ବକ
ପୂର୍ଣ୍ଣ ଭାବେ ମନୁଁ ପରିତ୍ୟାଗ କରିବ
ମନଦ୍ୱାରା ଇନ୍ଦ୍ରିୟଗଣ
ନିବୃତ୍ତ କରି ଅଭ୍ୟାସ କରିବ ଧ୍ୟାନ ॥ (୨୩-୨୪)

ସଂସାରରୁ ଧୀରେ ଧୀରେ ଧୈର୍ଯ୍ୟଯୁକ୍ତ ସୁବୁଦ୍ଧିରେ
ମନକୁ କର ତୁ ସ୍ଥିର ଯେ ଉପରତ
ଚିନ୍ତା ତେଜି ସେ ଅସ୍ଥିର ଚଞ୍ଚଳ ମନକୁ ଧର
ତା' ବିଚରଣ ସ୍ଥାନରୁ କର ନିବୃତ୍ତ
ପରମାତ୍ମା ଠାରେ ମନକୁ
ଅଭ୍ୟାସରେ ବାରମ୍ବାର ନିବେଶ ତାକୁ ॥ (୨୫-୨୬)

ଯା'ର ରଜୋଗୁଣ ଶାନ୍ତ                    ହୋଇଛି ମନ ପ୍ରଶାନ୍ତ
ନଷ୍ଟ ହୋଇଛି ଯାହାର ସକଳ ପାପ
ବ୍ରହ୍ମ ସ୍ୱରୂପ ସେ ଯୋଗୀ                    ଉତ୍ତମ ସୁଖର ସଙ୍ଗୀ
ହୋଇ ସହଜରେ ରହେ ବ୍ରହ୍ମ ସମୀପ
ସେ ନିଷ୍ପାପ ବ୍ରହ୍ମ ସଂଯୁକ୍ତ
ଆତ୍ୟନ୍ତିକ ସୁଖ ଭୁଞ୍ଜେ ସେ ବ୍ରହ୍ମପ୍ରାପ୍ତ ॥ (୨୭-୨୮)

ଧ୍ୟାନଯୋଗୀ ସର୍ବଭୂତେ                    ନିଜକୁ ଦେଖଇ ଚିତ୍ତେ
ନିଜ ମଧ୍ୟରେ ଦେଖଇ ସମସ୍ତ ପ୍ରାଣୀ
ଯେ ମୋତେ ଦେଖେ ସର୍ବତ୍ର                    ମୋ'ଠାରେ ଦେଖେ ସମସ୍ତ
ଯୋଗେ ନିମଜ୍ଜିତ କରି ଅନ୍ତକରଣୀ
ତା' ପାଇଁ ନୁହେଁ ମୁଁ ଅଦୃଶ୍ୟ
ସେହି ମଧ୍ୟ ମୋତେ ହୁଏନାହିଁ ଅଦୃଶ୍ୟ ॥ (୨୯-୩୦)

ମୋ'ଠାରେ ଅଭିନ୍ନେ ସ୍ଥିତ                    ଭକ୍ତିଯୋଗୀ ସର୍ବଭୂତ
ମଧ୍ୟେ ସ୍ଥିତ ମୋତେ ସଦା କରେ ଭଜନ
ସେ ଯୋଗୀ ସବୁପ୍ରକାରେ                    ରହିଥାଏ ମୋହଠାରେ
ନିଜ ଦେହ ତୁଲ୍ୟ ଦେଖେ ସର୍ବତ୍ର ସମ
ସୁଖଦୁଃଖକୁ ସମଜ୍ଞାନ
କରି ଦେଖୁଥିବା ଯୋଗୀ ପରମ ମାନ୍ୟ ॥ (୩୧-୩୨)

**ଅର୍ଜୁନ ଉବାଚ**

ଏ ଯେଉଁ ସମତା ଯୋଗ                    ଚଞ୍ଚଳ ମନେ କି ହେବ
ଏ ଯୋଗର ସ୍ଥିରସ୍ଥିତି ମୁଁ ଦେଖୁନାହିଁ
ମନଯେ ଅତି ଚଞ୍ଚଳ                    ଦୃଢ଼ ପ୍ରମଥନଶୀଳ
ବଳବାନ ଜିଦିଖୋର ମନେ ହୁଅଇ
ନିଗ୍ରହ କରିବା ସମୀର
ଭଳି ମନେହୁଏ ଏହା ଅତି ଦୁଷ୍କର ॥ (୩୩-୩୪)

## ଶ୍ରୀ ଭଗବାନ ଉବାଚ

ଚଞ୍ଚଳ ମନ ନିଗ୍ରହ ଏ କଠିନ ନିଃସନ୍ଦେହ
ମାତ୍ର ଅଭ୍ୟାସ ବୈରାଗ୍ୟ ଦ୍ୱାରା ସମ୍ଭବ
ଯା'ର ଅସଂଯତ ମନ ଯୋଗପ୍ରାପ୍ତି ତା' କଠିନ
ଯତ୍ନକଲେ ନିଶ୍ଚେ ମନ ବଶ ହୋଇବ
ମୋ ମତରେ ସଂଯତ ମନ
ଯୋଗପ୍ରାପ୍ତ ହୋଇପାରେ କରି ପ୍ରଯତ୍ନ ॥ (୩୫-୩୬)

## ଅର୍ଜୁନ ଉବାଚ

ସାଧନାରେ ଶ୍ରଦ୍ଧା ଥାଇ ପ୍ରଯତ୍ନ ଶିଥିଳ ହୋଇ
ଯେବେ ସେ ଯୋଗରୁ ହୋଇଯାଏ ବିଚ୍ୟୁତ
ନ ପାଇ ସେ ଯୋଗସିଦ୍ଧି ତା'ର ହୁଏ କେଉଁ ଗତି
ଭବଆଶା ମୁକ୍ତ ଯୋଗମାର୍ଗ ମୋହିତ
ଯୋଗ ଓ ସଂସାର ବିଭ୍ରଷ୍ଟ
ଛିନ୍ନଭିନ୍ନ ମେଘପରି ହୁଏ କି ନଷ୍ଟ ? (୩୭-୩୮)

ହେ କୃଷ୍ଣ ସନ୍ଦେହ ମୋର ତୁମେହିଁ ମୋଚନ କର
ତୁମବିନା ଅନ୍ୟ କେହି ପାରିବେ ନାହିଁ

## ଶ୍ରୀଭଗବାନ ଉବାଚ

ଶ୍ରୀଭଗବାନ କହନ୍ତି ନ ହୁଏ ତା'ର ଦୁର୍ଗତି
ଇହଲୋକେ ପରଲୋକେ ବିନାଶ ନୋହି
କେହି ଆତ୍ମକଲ୍ୟାଣକାର
ଦୁର୍ଗତି ନ ହୁଏ କେବେ ହେ ପ୍ରିୟ, ତା'ର ॥ (୩୯-୪୦)

ଯୋଗଭ୍ରଷ୍ଟ ପୁଣ୍ୟକୃତ ସ୍ୱର୍ଗାଦି ଲୋକକୁ ପ୍ରାପ୍ତ
ହୋଇ ରହଇ ସେଠାରେ ଅନେକ ବର୍ଷ
ଶୁଦ୍ଧ ଲକ୍ଷ୍ମୀବନ୍ତ ଘରେ ପୁନର୍ଜନ୍ମ ଲାଭକରେ
ଅବା ପ୍ରାପ୍ତ ହୁଏ ଜ୍ଞାନୀ ଯୋଗୀର ବଂଶ
ଏପରି ଦୁର୍ଲ୍ଲଭ ଜନମ
ସଂସାରେ ଦୁର୍ଲ୍ଲଭତର ଜାଣ ଅର୍ଜୁନ ॥ (୪୧-୪୨)

ପୂର୍ବ ଜନ୍ମାର୍ଜିତ ଧନ ସମ୍ପତ୍ତି ଯେ ପୂର୍ବ ଜ୍ଞାନ
ସେ ଜନ୍ମେ ମିଳଇ ତାକୁ ଅନାୟାସରେ
ତାହାଦ୍ୱାରା ସେ ସାଧକ ପୂର୍ବ ଅପେକ୍ଷା ଅଧିକ
ସାଧନାରେ ସିଦ୍ଧି ପାଇଁ ପ୍ରଯତ୍ନ କରେ
ପୂର୍ବାଭ୍ୟାସ କାରଣୁ ସେହି
ସହଜରେ ପରମାତ୍ମା ଦିଗେ ଚଳଇ ॥ (୪୩-୪୪)

ଯୋଗର ଜିଜ୍ଞାସୁ ଯିଏ ବେଦ ଅତିକ୍ରମି ଯାଏ
ମାତ୍ର ଯେଉଁ ଯୋଗୀ ଅଟେ ସଯତ୍ନ ଚେଷ୍ଟ
ବହୁଜନ୍ମ ଦ୍ୱାରା ସିଦ୍ଧ ହୋଇଛି ଯେ ଯୋଗୀ ବୁଦ୍ଧ
ଯା'ର ସର୍ବପାପ ହୋଇଯାଇଛି ନଷ୍ଟ
ସେହି ପାଏ ପରମ ଗତି
ତପସ୍ୱୀ ଠାରୁ ଯୋଗୀଏ ଶ୍ରେଷ୍ଠ ଅଟନ୍ତି ॥ (୪୪-୪୬)

ଜ୍ଞାନୀଠାରୁ ଯୋଗୀଶ୍ରେଷ୍ଠ କର୍ମୀଙ୍କ ଠାରୁ ବିଶିଷ୍ଟ
ତେଣୁ ତୁମେ ଯୋଗୀ ହୋଇଯାଅ ଅର୍ଜୁନ
ଯୋଗୀଙ୍କ ମଧ୍ୟେ ମୋ ମତ ଶ୍ରଦ୍ଧାବାନ ଯେଉଁ ଭକ୍ତ
ମଦଗତମନା ହୋଇ କରେ ଭଜନ
ସର୍ବଶ୍ରେଷ୍ଠ ଅଟେ ସେ ଯୋଗୀ
ଅନ୍ତରାତ୍ମାରେ ସେ ଭକ୍ତ ଆତ୍ମାନୁରାଗୀ ॥ (୪୭)

**ଓଁ ତତ୍ସଦିତି ଶ୍ରୀମଦ୍‌ଭଗବତ୍ ଗୀତାସୂପନିଷତ୍ସୁ ବ୍ରହ୍ମବିଦ୍ୟାୟାଂ ଯୋଗଶାସ୍ତ୍ରେ ଶ୍ରୀକୃଷ୍ଣାର୍ଜୁନ ସମ୍ବାଦେ ଆତ୍ମସଂଯମଯୋଗୋ ନାମ ଷଷ୍ଠୋଧ୍ୟାୟଃ ॥ (୬)**

- ୦ -

# ସପ୍ତମ ଅଧ୍ୟାୟ

**ଜ୍ଞାନ ବିଜ୍ଞାନ ଯୋଗ**

**ରାଗ - ଶଙ୍କରାଭରଣ**

**"ହେ ଆନନ୍ଦମୟ କୋଟି ଭୂବନ ପାଳକ" ବୃତ୍ତେ**

**ଶ୍ରୀଭଗବାନ ଉବାଚ**

ହେ ପାର୍ଥ ମୋଠାରେ ତୁ ଆସକ୍ତମନା ହୋଇ
ଯୋଗାଭ୍ୟାସ କରି ଯେହ୍ନେ ମୋ ଆଶ୍ରିତେ ରହି
ଏବେ ତାହା ତୁମେ ଶୁଣ
ମୋର ସମଗ୍ର ରୂପକୁ ନିଃସଂଶୟେ ଜାଣ ।। (୧)

ମୁଁ ତୁମକୁ ଏହି ଜ୍ଞାନ ବିଜ୍ଞାନ ସହିତ
ବୁଝାଇ କହୁଛି ଶୁଣ ସମ୍ପୂର୍ଣ୍ଣ ହେ ପାର୍ଥ
ଯାହା ଜାଣିଗଲା ପରେ
ବାକି ରହିବନି ଆଉ କିଛି ଜାଣିବାରେ ।। (୨)

ସହସ୍ର ମନୁଷ୍ୟ ମଧ୍ୟେ ଜଣେ ଜଣେ କେହି
ସିଦ୍ଧିଲାଭ ପାଇଁ ଦୃଢ଼େ ପ୍ରଯତ୍ନ କରଇ
ସେହି ଯତ୍ନଶୀଳ ସିଦ୍ଧ
ମଧ୍ୟରୁ କେ ଜଣେ ମୋତେ ଜାଣଇ ଯଥାର୍ଥ ॥ (୩)

ପୃଥିବୀ ସଲିଳ ଅଗ୍ନି ପବନ ଆକାଶ
ମନ ବୁଦ୍ଧି ଅହଙ୍କାର ମୋ ପ୍ରକୃତି ଅଷ୍ଟ
ଏ ମୋ' ଅପରା ପ୍ରକୃତି
ଯାହାଦ୍ୱାରା ଏ ଜଗତ ନିର୍ମାଣ ହୁଏଟି ॥ (୪)

ଏ ଅପରା ପ୍ରକୃତିରୁ ଭିନ୍ନ ମହାବାହୁ
ଜୀବରୂପା ପ୍ରକୃତି ମୋ ଅଛି ଏକ ଆଉ
ପରା ପ୍ରକୃତି ସେ ଜାଣ
ଯାହାଦ୍ୱାରା ଏ ଜଗତ ହୋଇଛି ଧାରଣ ॥ (୫)

ସଂଯୋଗ ହୋଇଲେ ପରା ଅପରା ପ୍ରକୃତି
ସର୍ବପ୍ରାଣୀଙ୍କର ହୋଇଥାଏ ଉତପତ୍ତି
ଏହା ତୁମେ ଜାଣିଥାଅ
ମୁଁ ସମଗ୍ର ଜଗତର ପ୍ରଭବ ପ୍ରଳୟ ॥ (୬)

ମୋ ବ୍ୟତୀତ ଜଗତରେ ଅନ୍ୟ କିଛିନାହିଁ
ସର୍ବ ଜଗତ ମୋ'ଠାରେ ଅଛି ଗୁନ୍ଥାହୋଇ
ଯଥା ମଣିମଧ୍ୟେ ସୂତ୍ର
ପ୍ରାୟ ମୁହିଁ ରହିଅଛି ହୋଇ ଓତପ୍ରୋତ ॥ (୭)

ହେ କୁନ୍ତୀନନ୍ଦନ ମୁଁ ଜଳରେ ଅଟେ ରସ
ସୂର୍ଯ୍ୟ ଚନ୍ଦ୍ରଠାରେ ପ୍ରଭା ରୂପରେ ପ୍ରକାଶ
ସର୍ବ ବେଦରେ ଓଁକାର
ମନୁଷ୍ୟରେ ପୁରୁଷାର୍ଥ, ଶବ୍ଦ ଆକାଶର ॥ (୮)

ପବିତ୍ର ଗନ୍ଧ ଅଟଇ ମୁହିଁ ପୃଥିବୀର
ମୁଁ ଅଟେ ଜୀବନୀଶକ୍ତି ସକଳ ପ୍ରାଣୀର
ଅନଳରେ ତେଜ ମୁହିଁ
ତପସ୍ୱୀଗଣର ମୁହିଁ ତପସ୍ୟା ଅଟଇ ॥ (୯)

ମୋତେ ସର୍ବ ପ୍ରାଣୀଙ୍କର ହେ ପୃଥାନନ୍ଦନ
ସନାତନ ବୀଜ ବୋଲି ଆଗ ତୁମେ ଜାଣ
ବୁଦ୍ଧିମନ୍ତମାନଙ୍କର
ବୁଦ୍ଧି ଅଟେ ମୁହିଁ, ତେଜ ତେଜସ୍ୱୀ ଜନର ॥ (୧୦)

ହେ ଭରତଶ୍ରେଷ୍ଠ ମୁହିଁ ଯେ ବଳବନ୍ତର
କାମ ରାଗ ବିବର୍ଜିତ ବଳ ଜଗତର
ପ୍ରାଣୀ ମଧ୍ୟେ ମୁହିଁ କାମ
ଶାସ୍ତ୍ରାନୁମୋଦିତ ଯାହା ଅବିରୁଦ୍ଧ ଧର୍ମ ॥ (୧୧)

ସାତ୍ତ୍ୱିକୀ, ରାଜସୀ, ତାମସୀ ଯେ ସବୁ ଭାବ
ଜାଣ ସେସବୁ ମୋଠାରୁ ହୋଇଛି ଉଦ୍ଭବ
କିନ୍ତୁ, ସେସବୁରେ ମୁହିଁ
କିମ୍ବା ସେସବୁ ମୋ'ଠାରେ ମଧ୍ୟ ରହେନାହିଁ ॥ (୧୨)

ଏହି ତ୍ରିଗୁଣ ପ୍ରଭାବେ ସରବେ ମୋହିତ
ତ୍ରିଲୋକର ସର୍ବପ୍ରାଣୀ ସକଳ ଜଗତ
ମୋତେ ତ୍ରିଗୁଣ ଅତୀତ
ଅବିନାଶୀ ବୋଲି କେହି ଜାଣନ୍ତି ନାହିଁତ ॥ (୧୩)

ଗୁଣମୟୀ ଦୈବୀମାୟା ମୋ ବଡ଼ ଦୁସ୍ତର
ବଡ଼ କଠିନ ଅଟଇ ଏଥୁଁ ହେବା ପାର
ଏ ମାୟାକୁ ସେ ତରନ୍ତି
ଯେଉଁମାନେ କେବଳ ମୋ ଶରଣ ପଶନ୍ତି ॥ (୧୪)

ମାୟା ଦ୍ୱାରା ଅପହୃତ ହୋଇଛି ଯା' ଜ୍ଞାନ
ଅସୁର ସ୍ୱଭାବଯୁକ୍ତ ସେହି ନରାଧମ
କରି ପାପ ଆଚରଣ
ସେ ମୂଢ଼ ନର ମୋଠାରେ ନପଶେ ଶରଣ ॥ (୧୫)

ସୁକର୍ମାମାନଙ୍କ ମଧ୍ୟେ ଚତୁର୍ବିଧ ଭକ୍ତ
ଅଛନ୍ତି ଜିଜ୍ଞାସୁ, ଜ୍ଞାନୀ, ଅର୍ଥାର୍ଥୀ ଯେ ଆର୍ତ୍ତ
ଜାଣିଥାଅ ହେ ଅର୍ଜୁନ
ଏ ଚାରି ମନୁଷ୍ୟ ମୋର କରନ୍ତି ଭଜନ ॥ (୧୬)

ଏ ଚାରି ଭକ୍ତ ମଧ୍ୟରେ ଶ୍ରେଷ୍ଠ ଜ୍ଞାନୀଭକ୍ତ
ଅନନ୍ୟ ଭକ୍ତି ସମ୍ପନ୍ନ ସେ ଯେ ନିତ୍ୟଯୁକ୍ତ
ମୁଁ ତାଙ୍କର ଅଟେ ପ୍ରିୟ
ସେମାନେ ମଧ୍ୟ ମୋହର ସବୁଠାରୁ ପ୍ରିୟ ॥ (୧୭)

ସମସ୍ତ ଭକ୍ତ ଉଦାର, ମାତ୍ର ଜ୍ଞାନୀଭକ୍ତ
ସେ ଯୁକ୍ତାତ୍ମା ମୋ ସ୍ୱରୂପ ଏହା ମୋର ମତ
ସେ ଉତ୍ତମ ଗତି ପାଏ
ସେ ଗତିପାଇ ମୋଠାରେ ସଦା ରହିଥାଏ ॥ (୧୮)

ଅନେକ ଜନ୍ମର ଅନ୍ତେ ମାନବ ଜନ୍ମରେ
ଜ୍ଞାନ ଲାଭକରି ସେହି ମୋ ଭଜନ କରେ
ସବୁକିଛି ବାସୁଦେବ
ଜାଣୁଥିବା ସେ ମହାତ୍ମା ଅତ୍ୟନ୍ତ ଦୁର୍ଲଭ ॥ (୧୯)

କାମନା ଦ୍ୱାରା ଯାହାର ଜ୍ଞାନ ଅପହୃତ
ନିଜ ନିଜ ପ୍ରକୃତିରୁ ହୋଇଣ ପ୍ରେରିତ
ଅନ୍ୟ ଦେବ ପୂଜା କରେ
ସେ ଦେବ ନିୟମ ଧରି ସଂସାରେ ବିଚରେ ॥ (୨୦)

ଯେଉଁ ଭକ୍ତମାନେ ଯେଉଁ ଯେଉଁ ଦେବତାଙ୍କୁ
ଶ୍ରଦ୍ଧା ସହିତ ଇଚ୍ଛନ୍ତି ପୂଜା କରିବାକୁ
ସେହି ସେହି ଦେବ ପ୍ରତି
ଦୃଢ଼ କରିଦିଏ ମୁହିଁ ତାଙ୍କ ଶ୍ରଦ୍ଧା ଭକ୍ତି ॥ (୨୧)

ସେ ଶ୍ରଦ୍ଧାରେ ଯୁକ୍ତହୋଇ ସକାମ ଭାବରେ
ସେହି ଦେବତାଙ୍କୁ ସେ ଯେ ଉପାସନା କରେ
ତା'ର କାମନା ପୂରଣ
ମୋ ଦ୍ୱାରା ହିଁ କରାଯାଇଥାଏ ସେ ବିଧାନ ॥ (୨୨)

ଦେବପୂଜାରୁ ମିଳଇ ଫଳ ନାଶବାନ
ଦେବତାଙ୍କୁ ପାଇଥାନ୍ତି ଅଳ୍ପବୁଦ୍ଧି ଜନ
ମୋତେ କରି ଦୃଢ଼େ ଭକ୍ତି
ମୋର ଭକ୍ତମାନେ ମୋତେ ପ୍ରାପତ ହୁଅନ୍ତି ॥ (୨୩)

ମୋ ପରମ ଅବ୍ୟକ୍ତ ରୂପକୁ ବୁଦ୍ଧିହୀନେ
ଅବିନାଶୀ ସର୍ବଶ୍ରେଷ୍ଠ ଭାବକୁ ନ ଜାଣେ
ମୋତେ ସ୍ଥୂଳ ଦେହଧାରୀ
ମନେକରନ୍ତି ସଂସାରେ ସାଧାରଣ ପରି ॥ (୨୪)

ମୁଁ ଅଟେ ସର୍ବଦା ଯୋଗମାୟା ସମାବୃତ ॥
ଏଣୁ ମୁଁ ସକଳ ଲୋକେ ନୋହେ ପ୍ରକାଶିତ
ମୋତେ ମୂଢ଼ ଜନମାନେ
ଅଜ ଅବିନାଶୀ ବୋଲି କେହିତ ନ ଜାଣେ ॥ (୨୫)

ଯେ ପ୍ରାଣୀ ପୂର୍ବରୁ ଜାତ ହୋଇସାରିଛନ୍ତି
ଭବିଷ୍ୟତରେ ଜନ୍ମିବେ ବର୍ତ୍ତମାନ ଛନ୍ତି
ମୁହିଁ ସମସ୍ତଙ୍କୁ ଜାଣେ
ମୋ ଭକ୍ତ ବ୍ୟତୀତ ମୋତେ କେହିତ ନ ଜାଣେ ॥ (୨୬)

ଇଚ୍ଛା ଦ୍ୱେଷ ଜାତ ଦ୍ୱନ୍ଦ୍ୱ ମୋହରେ ମୋହିତ
ହୋଇ ଏ ସଂସାରେ ସର୍ବପ୍ରାଣୀ ଆତଯାତ
ସର୍ବେ ଅନାଦି କାଳରୁ
ଅଜ୍ଞାନତା ପ୍ରାପ୍ତ ହେଉଛନ୍ତି ସେ ମୂଳରୁ ॥ (୨୭)

କିନ୍ତୁ ଯେଉଁ ପୁଣ୍ୟକର୍ମା ନରମାନଙ୍କର
ସମ୍ପୂର୍ଣ୍ଣ ନଷ୍ଟ ହୋଇଛି ପାପଟି ଯାହାର
ସେହି ଦ୍ୱନ୍ଦ୍ୱ ମୋହମୁକ୍ତ
ହୋଇ ଭଜନ କରନ୍ତି ମୋତେ ଦୃଢ଼ବ୍ରତ ॥ (୨୮)

ଜରା ମରଣରୁ ମୁକ୍ତି ପାଇବାର ପାଇଁ
ଯିଏ ପ୍ରଯତ୍ନ କରନ୍ତି ମୋ ଆଶ୍ରିତ ହୋଇ
ସେହିମାନେ ସେ ବ୍ରହ୍ମକୁ
ଜାଣନ୍ତି ସର୍ବ ଅଧ୍ୟାତ୍ମ ସମସ୍ତ କର୍ମକୁ ॥ (୨୯)

ଅଧିଯଜ୍ଞ, ଅଧିଦୈବ ସହ ଅଧିଭୂତ
ତା' ସହ ଜାଣନ୍ତି ମୋତେ ଯେଉଁ ଯୁକ୍ତଚିତ୍ତ
ଅନ୍ତକାଳେ ବି ସେ ମୋତେ
ଜାଣିପାରି ପ୍ରାପତ ହୁଅନ୍ତି ଶୁଦ୍ଧଚିତ୍ତେ ॥ (୩୦)

**ଓଁ ତତ୍ସଦିତି ଶ୍ରୀମଦ୍ଭଗବତ୍ ଗୀତାସୂପନିଷତ୍ସୁ ବ୍ରହ୍ମବିଦ୍ୟାୟାଂ ଯୋଗଶାସ୍ତ୍ରେ ଶ୍ରୀକୃଷ୍ଣାର୍ଜୁନ ସମ୍ବାଦେ ଜ୍ଞାନବିଜ୍ଞାନଯୋଗୋ ନାମ ସପ୍ତମୋଧ୍ୟାୟଃ ॥ (୭)**

- ୦ -

# ଅଷ୍ଟମ ଅଧ୍ୟାୟ

## ଅକ୍ଷର ବ୍ରହ୍ମ ଯୋଗ

**ରାଗ - ରସକୂଲ୍ୟା**

**"ବିଭୂଷଣ ପୁଷ୍ପେ ଯା'କାନ୍ତି ଜାଣ" ବୃତ୍ତେ**

### ଅର୍ଜୁନ ଉବାଚ

ହେ ପୁରୁଷୋତ୍ତମ ସେ ବ୍ରହ୍ମ କିଶ ? ଅଧ୍ୟାତ୍ମ କିଶ, ଅଧିଭୂତ କିଶ ?
କର୍ମ କିଶ, ଅଧିଦୈବଟି କିଏ ? ଅଧିଯଜ୍ଞ କାହାକୁ କୁହାଯାଏ ?
କିପରି ଏଦେହେ ଥାଏ ?
ବଶୀଭୂତମନା ଦ୍ୱାରା ଅନ୍ତକାଳେ କିପରି ସେ ଜାଣିହୁଏ ? (୧-୨)

### ଶ୍ରୀ ଭଗବାନ ଉବାଚ

ପରମ ଅକ୍ଷର ଅଟଇ ବ୍ରହ୍ମ ଜୀବାତ୍ମା ସ୍ୱଭାବ ଅଟେ ଅଧ୍ୟାତ୍ମ
କର୍ମ ପ୍ରାଣୀ-ସତ୍ତା ସୃଜନେ ତ୍ୟାଗ ହିରଣ୍ୟଗର୍ଭ ବ୍ରହ୍ମା ଅଧିଦୈବ
ନଶ୍ୱରଟି ଅଧିଭୂତ ଯେ
ଏହି ଶରୀରରେ ସର୍ବଦା ମୁହିଁଟି ଅଧିଯଜ୍ଞ ଭାବେ ସ୍ଥିତ ॥ (୩-୪)

ଯିଏ ଅନ୍ତକାଳେ ମୋତେ ସ୍ମରଣ                କରି ଲଭିଥାଏ ମହାପ୍ରୟାଣ
ନିଃସନ୍ଦେହେ ସେ ମୋ ସ୍ୱରୂପ ପ୍ରାପ୍ତ    ଅନ୍ତକାଳେ ଯେ ଭାବେ ବିଭାବିତ
ହୋଇ ଶରୀର ତେଜଇ
ସେ ଭାବ-ଶରୀର ପାଇଥାଏ ଯେଣୁ ସେ ଭାବକୁ ସ୍ମରୁଥାଇ ॥ (୫-୬)

ତେଣୁ ସଦା ମୋତେ କରି ସ୍ମରଣ                ଯୁଝ ମନବୁଦ୍ଧି କରି ଅର୍ପଣ
ନିଃସଂଶୟେ ପାର୍ଥ ପାଇବ ମୋତେ      ଅଭ୍ୟାସ ଯୋଗଯୁକ୍ତ ସ୍ଥିର ଚିତ୍ତେ
ଚିନ୍ତାକରି ନିରନ୍ତର
ପ୍ରାପ୍ତ ହେବ ସେହି ପରମ ପୁରୁଷ ଦିବ୍ୟ ପରମ ଈଶ୍ୱର ॥ (୭-୮)

ସର୍ବଜ୍ଞ ଅନାଦି ଅନୁଶାସକ                ସୂକ୍ଷ୍ମାତିସୂକ୍ଷ୍ମ ଧାରକ ପୋଷକ
ଅଚିନ୍ତ୍ୟ ସ୍ୱରୂପ ଅଟଇ ଯିଏ                ଆଦିତ୍ୟ ଭଳି ପ୍ରକାଶିତ ହୁଏ
ଅବିଦ୍ୟାରୁ ଅତିପର
ସେହି ସଚ୍ଚିଦାନନ୍ଦ ପରମାତ୍ମାଙ୍କୁ ସର୍ବଦା ସ୍ମରଣ କର ॥ (୯-୧୦)

ଅନ୍ତକାଳେ ଯୋଗ ବଳରେ ପ୍ରାଣ              ଭ୍ରୂକୁଟି ମଧ୍ୟରେ କରି ସ୍ଥାପନ
ନିଶ୍ଚଳ ମନରେ ଚିନ୍ତି ସେ ଭକ୍ତ                ପରମ ଦିବ୍ୟପୁରୁଷଙ୍କୁ ପ୍ରାପ୍ତ
ବେଦଜ୍ଞ ଅକ୍ଷର କହି
ବୈରାଗୀ ଯା' ଚିନ୍ତି ବ୍ରହ୍ମଚର୍ଯ୍ୟେ ଥାନ୍ତି ସେ ପଦ ଦେବି ବତାଇ ॥ (୧୦-୧୧)

ସର୍ବ ଇନ୍ଦ୍ରିୟ ଦ୍ୱାର କରି ରୁଦ୍ଧ                ମନକୁ ହୃଦୟେ କରି ନିରୋଧ
ପ୍ରାଣକୁ ମସ୍ତକେ କରି ସ୍ଥାପିତ              ଯୋଗ ଧାରଣାରେ ରହିଲେ ସ୍ଥିତ
ଓଁ ଏକାକ୍ଷର ବ୍ରହ୍ମେ ଯେ
ମନେ ଜପି ମୋତେ ଚିନ୍ତି ଚାଲିଗଲେ ପରମ ଗତିକୁ ଲଭେ ॥ (୧୨-୧୩)

ନିତ୍ୟ ନିରନ୍ତର ଅନନ୍ୟ ଚିତ୍ତ                ସ୍ମରଣ କରନ୍ତି ଯେ ଯୁକ୍ତଚିତ୍ତ
ସୁଲଭ ଅଟେ ମୁଁ ସେ ଯୋଗୀ ପାଇଁ            ପୁନର୍ଜନ୍ମ ତା'ର ହୁଅଇ ନାହିଁ
ଅଶାଶ୍ୱତ ଦୁଃଖାଳୟେ
ଜନମ ନ ଲଭି ଆଉସେ ମହାତ୍ମା ପରମ ସିଦ୍ଧିକୁ ପାଏ ॥ (୧୪-୧୫)

ବ୍ରହ୍ମଲୋକ ପର୍ଯ୍ୟନ୍ତ ସବୁଲୋକ ପୁନରାବର୍ତ୍ତି ଅଟେ ସବୁଯାକ
ମୋତେ ପାଇଗଲେ ଆହେ କୌନ୍ତେୟ ପୁନର୍ଜନ୍ମ ନ ହୁଅଇ ଉଦୟ
ବ୍ରହ୍ମାଙ୍କ ଦିବସ ରାତି
ଏକସସ୍ର ଚତୁର୍ଯୁଗୀ ଦିନ ଅଟେ ସସ୍ର ଚତୁର୍ଯୁଗୀ ରାତି ॥ (୧୬-୧୭)

ବ୍ରହ୍ମାଙ୍କ ଦିବସ ଆରମ୍ଭ କାଳେ ଅବ୍ୟକ୍ତରୁ ଜାତ ହୋଇ ସକଳେ
ଆରମ୍ଭ ହୋଇଲେ ବ୍ରହ୍ମାଙ୍କ ରାତି ତାଙ୍କ ଅବ୍ୟକ୍ତ ଦେହେ ଲୀନହୋନ୍ତି
ପ୍ରାଣୀ ଯେ ପ୍ରକୃତି ବଶ
ବ୍ରହ୍ମାଙ୍କ ଦିନରେ ଉତ୍ପତ୍ତି ହୁଅନ୍ତି ବ୍ରହ୍ମାଙ୍କ ରାତିରେ ନାଶ ॥ (୧୮-୧୯)

କିନ୍ତୁ ଅବ୍ୟକ୍ତରୁ ପର ଅନନ୍ୟ ଅବ୍ୟକ୍ତ ଯେଉଁ ଭାବ ସନାତନ
ସର୍ବପ୍ରାଣୀ ନଷ୍ଟେ ସେ ନାଶ ନୋହେ ପରମଗତି ଅକ୍ଷର ବୋଲାଏ
ଯାହା ପ୍ରାପ୍ତ ହେଲେ ଜନ
ଲେଉଟି ନ ଆସି ମୁକ୍ତି ପାଇଥାଏ ସେ ମୋର ପରମ ଧାମ ॥ (୨୦-୨୧)

ପରମାତ୍ମା ଦ୍ୱାରା ପୂର୍ଣ୍ଣ ଜଗତ ସମସ୍ତ ପ୍ରାଣୀ ଯାହା ଅନ୍ତର୍ଗତ
ହେ ପାର୍ଥ, ଅବ୍ୟକ୍ତ ଯେ ସନାତନ ପରମ ପୁରୁଷ ତାହାକୁ ଜାଣ
ସେହିତ ପରମ ବ୍ରହ୍ମ
ପରମାତ୍ମା ଭାବେ ଜ୍ଞାନୀଭକ୍ତ ଦ୍ୱାରା ଅନନ୍ୟ ଭକ୍ତିରେ ଲଭ୍ୟ ॥ (୨୧-୨୨)

ଯେଉଁ କାଳ ମାର୍ଗେ ଶରୀର ତେଜି ଲେଉଟି ନ ଆନ୍ତି ମହାତ୍ମା ଯୋଗୀ
ଯେଉଁମାର୍ଗେ ଯାଇ ଆସନ୍ତି ଫେରି ସେ କାଳ ବିଷୟ କହିବି ଫେଡ଼ି
ଶୁଣ ତୁ ଭରତ ଶ୍ରେଷ୍ଠ ଯେ
ଉତ୍ତରାୟଣ ଦକ୍ଷିଣାୟନ କାଳ ଛ' ଛ' ମାସ ବିଶିଷ୍ଟ ॥ (୨୩)

ଯେଉଁ ମାର୍ଗରେ ଥା'ନ୍ତି ଅଗ୍ନିଦେବ ଦିନର ଦେବ ଶୁକ୍ଳପକ୍ଷ ଦେବ
ଛ' ମାସ ଉତ୍ତରାୟଣ ଦେବତା ସେ ମାର୍ଗେ ଯାଆନ୍ତି ଯେ ବ୍ରହ୍ମବେତ୍ତା
ବ୍ରହ୍ମଲୋକ ହୋଇ ପ୍ରାପ୍ତ
ମହାପ୍ରଳୟରେ ବ୍ରହ୍ମାଙ୍କ ସହିତ ହୋଇଯାଆନ୍ତି ସେ ମୁକ୍ତ ॥ (୨୪)

ଯେଉଁ ମାର୍ଗେ ଥାନ୍ତି ଧୂମ୍ରର ଦେବ ରଜନୀ ଦେବ କୃଷ୍ଣପକ୍ଷ ଦେବ
ଛ' ମାସ ଦକ୍ଷିଣାୟନ ଦେବତା ସେ ମାର୍ଗରେ ଯାଇ ସକାମୀ କର୍ତ୍ତା
ପାଇ ଫେରେ ଚନ୍ଦ୍ରଲୋକ
ପୁନର୍ଜନ୍ମ ପାଇ ପୁନଶ୍ଚ ଲଭଇ ଜନମ ମରଣ ଦୁଃଖ ॥ (୨୫)

ଶୁକ୍ଳ କୃଷ୍ଣ ଦୁଇଟି ମାର୍ଗେ ଗତି ଅନାଦି କାଳରୁ ଚଳିଆସିଛି
ଗୋଟିକରେ ଗଲେ ନ ଫେରେ କେହି ଅନ୍ୟଟିରେ ଯାଇ ଫେରି ଆସଇ
ଯୋଗୀ ନୁହଇଁ ମୋହିତ
ଏ ଦୁଇ ମାର୍ଗକୁ ଜାଣି ତୁ ଅର୍ଜୁନ ସଦାହୁଅ ଯୋଗଯୁକ୍ତ ॥ (୨୬-୨୭)

ଯୋଗୀ ଏହାକୁ ଭଲଭାବେ ଜାଣି ଯେଉଁ ପୁଣ୍ୟଫଳ ବେଦରେ ଭଣି
ଯଜ୍ଞରେ ତପରେ ଦାନେ ଯେ ଫଳ ଅତିକ୍ରମି ଯାଏ ଯୋଗୀ ସକଳ
ଫଳମୁକ୍ତ ସେହି ଭବେ
ସେ ଯୋଗୀପୁରୁଷ ଏହି ସନାତନ ପରମ ପଦକୁ ଲଭେ ॥ (୨୮)

**'ଓଁ ତତ୍ସଦିତି ଶ୍ରୀମଦ୍ଭଗବତ୍ ଗୀତାସୂପନିଷତ୍ସୁ ବ୍ରହ୍ମବିଦ୍ୟାୟାଂ ଯୋଗଶାସ୍ତ୍ରେ ଶ୍ରୀକୃଷ୍ଣାର୍ଜୁନ ସମ୍ବାଦେ ଅକ୍ଷରବ୍ରହ୍ମଯୋଗୋ ନାମ ଅଷ୍ଟମୋଧ୍ୟାୟଃ ॥ (୮)**

- ୦ -

# ନବମ ଅଧ୍ୟାୟ

### ରାଜବିଦ୍ୟା ରାଜଗୁହ୍ୟ ଯୋଗ
ରାଗ - ଆଷାଢ଼ ଶୁକ୍ଳ
"ବରଜି ବରଷେ ଦେଇ ମାନସ" ବୃତ୍ତେ

#### ଶ୍ରୀଭଗବାନ ଉବାଚ

ହୋଇଥିବାରୁ ତୁମେ ଅନସୂୟ ଏହି ବିଜ୍ଞାନ ଅତି ଗୋପନୀୟ
ଏ ଜ୍ଞାନ ତୁମକୁ କହିବି ପୁଣି ଅଶୁଭରୁ ମୁକ୍ତ ହେବ ଯା' ଜାଣି
ବିଦ୍ୟା ମଧ୍ୟେ ରାଜା
ଏହା ଗୁପ୍ତତତ୍ତ୍ୱ ମଧ୍ୟେ ବି ରାଜା ॥ (୧)

ଏ ଜ୍ଞାନ ଅତି ଉତ୍ତମ ସରଳ ପ୍ରତ୍ୟକ୍ଷ ଅଟଇ ଏହାର ଫଳ
ଏ ଜ୍ଞାନ ସାଧନ ଅତି ସୁଗମ ଏହା ଅବିନାଶୀ ଜାଣ ଅର୍ଜୁନ
ଏହା ଧର୍ମଯୁକ୍ତ
ତତ୍ତ୍ୱ ଆଧାରିତ ଅତି ପବିତ୍ର ॥ (୨)

ଶ୍ରଦ୍ଧା ବିରହିତ ଯେଉଁ ମନୁଷ୍ୟ  ଏ ଜ୍ଞାନ ଧର୍ମେ ଯା' ନାହିଁ ବିଶ୍ୱାସ
ମୋତ ନ ପାଇ ସଂସାର ମାର୍ଗର  ପ୍ରତ୍ୟାବର୍ତ୍ତନ କରେ ବାରମ୍ବାର
ମୃତ୍ୟୁରୂପୀ ପଥେ
ଯାଇ ଜନ୍ମ-ମୃତ୍ୟୁ ଲଭେ ନିରତେ ॥ (୩)

ମୋହରି ଅବ୍ୟକ୍ତ ସ୍ୱରୂପ ଦ୍ୱାରା  ସର୍ବ ଜଗତ ପରିପୂର୍ଣ୍ଣ ପରା
ସବୁ ପ୍ରାଣୀ ମୋ'ଠାରେ ରହିଛନ୍ତି  ସେମାନେ ମଧ୍ୟ ମୋ'ଠାରେ ନାହାନ୍ତି
ତାଙ୍କଠାରେ ମୁହିଁ
କେବେବି କଦାପି ନ ଥାଏ ରହି ॥ (୪)

ମୋର ଐଶ୍ୱରୀୟ ଯୋଗ ସାମର୍ଥ୍ୟ  ଉତ୍ପତ୍ତି, ସ୍ଥିତି, ବିଲୟକୁ ଦେଖ
ସମସ୍ତ ପ୍ରାଣୀଙ୍କୁ କରି ଉତ୍ପନ୍ନ  କଲେ ମଧ୍ୟ ମୁଁ ଭରଣ ପୋଷଣ
ମୋ ସ୍ୱରୂପ ସେହି
ପ୍ରାଣୀଙ୍କ ମଧ୍ୟରେ କେବେ ନଥାଇ ॥ (୫)

ନିତ୍ୟ ବିଚରଣଶୀଳ ମହାନ  ବାୟୁ ଆକାଶରେ ଥାଏ ଯେସନ
ସେହିପରି ମୋ'ଠାରେ ସର୍ବପ୍ରାଣୀ  ଅଛନ୍ତି ବୋଲି ତୁମେ ନିଅ ମାନି
କଳପରେ ଶେଷେ
ସବୁପ୍ରାଣୀ ମୋ ପ୍ରକୃତିରେ ମିଶେ ॥ (୬-୭)

କଳ୍ପ ଆରମ୍ଭରେ ସୃଜଇ ପୁଣି  ପ୍ରକୃତିବଶ ପରାଧୀନ ପ୍ରାଣୀ
ମୁଁ ନିଜ ପ୍ରକୃତି କରି ଆୟତ୍ତ  ବାରମ୍ବାର ପ୍ରାଣୀ କରେ ସମ୍ଭୂତ
ମୁଁ କର୍ମେ ଅନାସକ୍ତ
ଉଦାସୀନ ଯୋଗୁଁ ବନ୍ଧନ ମୁକ୍ତ ॥ (୮-୯)

ପ୍ରକୃତି ମୋହର ଅଧ୍ୟକ୍ଷତାରେ  ଚରାଚର ବିଶ୍ୱ ସର୍ଜନା କରେ
ଏହି ହେତୁରୁ ହେ କୁନ୍ତୀନନ୍ଦନ  ହୁଏ ଜଗତ ପୁନରାବର୍ତ୍ତନ
ପ୍ରାଣୀ ମହେଶ୍ୱର
ମୋ ପରମଭାବ ନ ଜାଣି ନର ॥ (୧୦)

ମନୁଷ୍ୟ ଶରୀରେ ଆଶ୍ରିତ ମୋତେ ଅବଜ୍ଞା କରନ୍ତି ମୂଢ଼େ ନିରତେ
ବୃଥା ଆଶା କର୍ମ ଜ୍ଞାନରେ ଯୁକ୍ତ ରାକ୍ଷସୀ ଆସୁରୀ ମୋହେ ଅଚେତ
ସେ ଅଜ୍ଞାନୀ ବ୍ୟକ୍ତି
ମୋହିତ ସ୍ୱଭାବେ ସଦା ଥାଆନ୍ତି ॥ (୧୧-୧୨)

ପରନ୍ତୁ ମହାତ୍ମାଗଣ ହେ ପାର୍ଥ ଦୈବୀ ପ୍ରକୃତିର ହୋଇ ଆଶ୍ରିତ
ମୋତେ ସମସ୍ତ ପ୍ରାଣୀଙ୍କର ଆଦି ଅବ୍ୟୟ ଅକ୍ଷୟ ବୋଲି ଜାଣନ୍ତି
ଅନନ୍ୟ ଭାବରେ
ନିରନ୍ତର ସେହୁ ଭଜନ କରେ ॥ (୧୩)

ଦୃଢ଼ବ୍ରତୀ ସଦା କରି କୀର୍ତ୍ତନ ମୋତେ ପାଇବାକୁ କରେ ପ୍ରଯତ୍ନ
ବାରମ୍ବାର ମୋତେ ପ୍ରଣାମ କରେ ନିତ୍ୟ ଭକ୍ତିଯୁକ୍ତ ହୋଇ ବିହରେ
ଏଇଭାବେ ମୋତେ
ସଦା ଉପାସନା କରେ ନିରତେ ॥ (୧୪)

ଜ୍ଞାନଯଜ୍ଞେ ଅଭିନ୍ନ ଭାବେ କେହି ବିଶ୍ୱବ୍ୟାପୀ ରୂପେ ମୋତେ ପୂଜଇ
ଅନ୍ୟ କେହି ଯେ ପୃଥକ ଭାବରେ ମୋର ସ୍ୱରୂପ ନିତ୍ୟ ପୂଜାକରେ
ଅନେକ ପ୍ରକାରେ
ମନୁଷ୍ୟ ମୋର ଉପାସନା କରେ ॥ (୧୫)

ମୁଁ କ୍ରତୁ, ମୁଁ ଯଜ୍ଞ, ମୁଁ ଔଷଧ ମନ୍ତ୍ର, ଅଗ୍ନି, ସ୍ୱଧା, ହବନ, ଘୃତ
ମୁଁ ପବିତ୍ର ଜ୍ଞେୟ, ଓଁକାର ମୁହିଁ ଋକ୍, ସାମ, ମୁଁ ଯଜୁର୍ବେଦ, ଅଟଇ
ମୁହିଁ ପିତାମାତା
ପିତାମହ ସର୍ବ ଜଗତ ଧାତା ॥ (୧୬-୧୭)

ଗତି, ଭର୍ତ୍ତା, ମୁଁ ଯେ ସାକ୍ଷୀ, ଆଶ୍ରୟ ପ୍ରଭୁ, ନିବାସ, ଉତ୍ପତ୍ତି, ପ୍ରଳୟ
ସ୍ଥାନ, ନିଧାନ, ଅବିନାଶୀ ବୀଜ ମୋତେ ଅର୍ଜୁନ ସବୁବୋଲି ହେଜ
ସୁହୃଦ ଶରଣ୍ୟ
ମୁଁ ଅଟେ ସର୍ବ କାରଣ କାରଣ ॥ (୧୮)

ମୁଁ ହୁଏ ଉତ୍ତପ୍ତ ସୂର୍ଯ୍ୟ ରୂପରେ    ମୁହିଁ ତ ଜଳକୁ ଗ୍ରହଣ କରେ
ପୁନଶ୍ଚ ସେହି ଜଳକୁ ବରଷେ    ମୃତ୍ୟୁ, ଅମୃତ, ସତ୍, ଅସତ୍ ମୁଁ ଅଟେ
ସବୁକିଛି ମୁହିଁ
ମୋ ବିନୁ ଏଠି ଅନ୍ୟକିଛି ନାହିଁ ॥ (୧୯)

ତ୍ରିବେଦ ବର୍ଣ୍ଣିତ ସକାମ ଯଜ୍ଞ    କରି ନିଷ୍ପାପ ସୋମରସ ପାନ
ପୂଜନ୍ତି ମୋତେ ସ୍ୱର୍ଗ ପ୍ରାପ୍ତି ପାଇଁ    ଫଳରୂପେ ଇନ୍ଦ୍ରଲୋକେ ବସଇ
ପବିତ୍ର ସ୍ୱର୍ଗରେ
ଦେବ ଦିବ୍ୟଭୋଗ ସେ ଭୋଗକରେ ॥ (୨୦)

ସେହି ବିଶାଳ ସ୍ୱର୍ଗଲୋକ ଭୋଗ    ପୁଣ୍ୟ ସରିଲେ କରି ଉପଭୋଗ
ସକାମ ଧର୍ମକୁ ଭରଷା କରି    ମୃତ୍ୟୁଲୋକକୁ ସେ ଆସନ୍ତି ଫେରି
ଭୋଗକାମୀ ନର
ଜନ୍ମ ମୃତ୍ୟୁ ଲଭନ୍ତି ବାରମ୍ବାର ॥ (୨୧)

ମୋର ଯେଉଁ ଅନନ୍ୟ ଭକ୍ତଗଣ    ପୂର୍ଣ୍ଣରୂପେ ମୋତେ କରି ଚିନ୍ତନ
ନିରନ୍ତର ମୋତେ ପୂଜା କରନ୍ତି    ସଦା ମୋଠାରେ ସଂଯୁକ୍ତ ରହନ୍ତି
ସେହି ଭକ୍ତଜନ
ଯୋଗକ୍ଷେମ ମୁହିଁ କରେ ବହନ ॥ (୨୨)

ଯେଉଁ ଭକ୍ତ ଶ୍ରଦ୍ଧା ପୂର୍ବକ ଅନ୍ୟ    ଦେବତାଗଣଙ୍କୁ କରେ ପୂଜନ
ସେମାନେ ମୋତେହିଁ ପୂଜା କରନ୍ତି    କିନ୍ତୁ ମୋ'ଠାରୁ ତା' ଭିନ୍ନ ମାନନ୍ତି
ଜାଣ ତୁ କୌନ୍ତେୟ
ଅବିଧିପୂର୍ବକ ସେ ଉପାସନାଚୟ ॥ (୨୩)

ସର୍ବ ଯଜ୍ଞର ମୁଁ ଭୋକ୍ତା ମୁଁ ପ୍ରଭୁ    ଜାଣନ୍ତି ନାହିଁ ସେମାନେ ଏସବୁ
ତତ୍ତ୍ୱତଃ ମୋତେ ନ ଜାଣି ଅର୍ଜୁନ    ଫଳରେ ତାଙ୍କର ହୁଏ ପତନ
ଦେବତା ପୂଜନ
କରି ପ୍ରାପ୍ତ ହୁଅନ୍ତି ଦେବଗଣ ॥ (୨୪-୨୫)

ପିତୃଗଣ ଯେହ୍ନୁ ପୂଜା କରନ୍ତି ପିତୃଲୋକଙ୍କୁ ପ୍ରାପତ ହୁଅନ୍ତି
ଭୂତଗଣ ପୂଜାକାରୀ ଯେତେକ ଭୂତଗଣଙ୍କୁ ହୁଅନ୍ତି ପ୍ରାପତ
ମୋର ଭକ୍ତଗଣ
ମୋତେହିଁ ପ୍ରାପତ ହୁଅନ୍ତି ଜାଣ ॥ (୨୫)

କେହି ଜଳ, ଫଳ, ପତ୍ର, ସୁମନ ଭକ୍ତିଭରେ ମୋତେ କଲେ ଅର୍ପଣ
ସେ ଯତ୍ନଶୀଳ ଭକ୍ତ ଉପହାର ପ୍ରଦତ୍ତ ମୋତେ ପ୍ରେମ ସହକାର
ସେହି ଉପହାରେ
ଶ୍ରଦ୍ଧାପୂର୍ବକ ମୁଁ ଗ୍ରହଣ କରେ ॥ (୨୬)

କୌନ୍ତେୟ ଯାହାକିଛି ତୁମେ କର ଯାହା ଖାଅ ଯାହା ହବନ କର
କରୁଛ ତୁମେ ଯେଉଁ ତପ ଦାନ ସେସବୁକୁ ମୋତେ କର ଅର୍ପଣ
ଏହିପରି ଭାବେ
ତ୍ୟାଗଯୁକ୍ତ ଆତ୍ମା ହୋଇବ ଭବେ ॥ (୨୭)

ଶୁଭାଶୁଭ ଫଳ ଅଟଇ ଜାଣ କର୍ମବନ୍ଧନର ମୂଳ କାରଣ
ସର୍ବକର୍ମ ମୋତେ କଲେ ଅର୍ପିତ ଏ କର୍ମ ବନ୍ଧନୁଁ ହୋଇବ ମୁକ୍ତ
ହୋଇଣ ବିମୁକ୍ତ
ତୁମେ ନିଶ୍ଚେ ହେବ ମୋତେ ପ୍ରାପତ ॥ (୨୭-୨୮)

ସର୍ବପ୍ରାଣୀ ଠାରେ ଥାଏ ମୁଁ ସମ କେହି ମୋର ପ୍ରିୟ ନୁହେଁ କି ଘୃଣ୍ୟ
ଭକ୍ତିରେ ଯେ' ମୋତେ ସଦା ଭଜନ୍ତି ସେମାନେ ମୋଠାରେ ସଦା ଥାଆନ୍ତି
ତାଙ୍କଠାରେ ମୁହିଁ
ସମାନଭାବରେ ସଦା ଅଛଇ ॥ (୨୯)

ଯଦି ଅତ୍ୟନ୍ତ ଦୁରାଚାରୀ କେହି ଅନନ୍ୟ ଭାବରେ ମୋତେ ଭଜଇ
ମୋ ପାଦେ ତା' ମନ ଦୃଢ଼ନିଶ୍ଚିତ ତାକୁ ସାଧୁ ମାନ୍ୟ ଦେବା ଉଚିତ
ଅତିଶିଘ୍ର ସେହି
ଦିବ୍ୟ ଶାନ୍ତି ପାଏ ଧର୍ମାତ୍ମା ହୋଇ ॥ (୩୦-୩୧)

ଜାଣ ତୁ ସତ୍ୟ ହେ କୁନ୍ତୀନନ୍ଦନ ମୋ ଭକ୍ତର କେଉଁ ନୋହେ ପତନ
ପାପଯୋନି ସମ୍ଭୂତ ଯେଉଁମାନେ ତଥା ନାରୀ, ବୈଶ୍ୟ ଓ ଶୁଦ୍ରଗଣେ
ହୋଇ ମୋ ଆଶ୍ରିତ
ପରମଗତିକୁ ହୁଅନ୍ତି ପ୍ରାପ୍ତ ॥ (୩୧-୩୨)

ପୁଣି କି ରାଜର୍ଷି ଭକ୍ତ ବ୍ରାହ୍ମଣ ଯତ୍ନଶୀଳ ସନ୍ଥ କି ପୁଣ୍ୟବାନ
ଏମାନଙ୍କ କଥା କହିବା କିଶ ଏଣୁ ତୁ ଅର୍ଜୁନ ଏହି ମନୁଷ୍ୟ
ଶରୀର ପାଇଣ
ନିରନ୍ତର ମୋତେ କର ଭଜନ ॥ (୩୩)

ମୋର ଭକ୍ତ ହୁଅ ମୋ ପୂଜାକର ମୋ ମନା ହୋଇ କର ନମସ୍କାର
ଏଭଳି ନିଜକୁ ମୋର ସହିତ ଭଜୁଥାଅ କରି ନିତ୍ୟ ସଂଯୁକ୍ତ
ମୋର ପରାୟଣ
ହେଲେ ତୁମେ ମୋତେ ପାଇବ ଜାଣ ॥ (୩୪)

**ଓଁ ତତ୍ସଦିତି ଶ୍ରୀମଭଗତ୍ ଗୀତାସୂପନିଷତ୍ସୁ ବ୍ରହ୍ମବିଦ୍ୟାୟାଂ ଯୋଗଶାସ୍ତ୍ରେ**
**ଶ୍ରୀକୃଷ୍ଣାର୍ଜୁନ ସମ୍ବାଦେ ରାଜବିଦ୍ୟାରାଜଗୁହ୍ୟଯୋଗୋ ନାମ ନବମୋଧ୍ୟାୟଃ ॥ (୯)**

- ୦ -

# ଦଶମ ଅଧ୍ୟାୟ

**ବିଭୂତି ଯୋଗ**

**ରାଗ - ଖଣ୍ଡିତା**

**"ସୀତାଙ୍କ ମୁଖକୁ ଚାହିଁ ବୋଲଇ ରାବଣ" ବୃତ୍ତେ**

**ଶ୍ରୀଭଗବାନ ଉବାଚ**

ମହାବାହୁ, ତୁମ ହିତେ ପରମ ବଚନ
ପୁଣି ତୁମକୁ କହିବି ମୋର ବାକ୍ୟ ଶୁଣ
ତୁମପ୍ରତି ହେ,
ଯେଣୁ ମୋର ପ୍ରେମଭାବ ଅତି ହେ ॥ (୧)

ମୋର ଅବତାରକୁ ଯେ ଦେବତା ମହର୍ଷି
ଯେତେ ବିଜ୍ଞ ସୁଜ୍ଞ କେହିହେଲେ ନ ଜାଣନ୍ତି
ଅରଜୁନ ହେ,
ସେମାନଙ୍କ ମୁଁ ଆଦି କାରଣ ହେ ॥ (୨)

(୧୦ମ)

ଯେ ମୋତେ ଅଜ ଅନାଦି ଲୋକ ମହେଶ୍ୱର
ବୋଲି ଜାଣିଯାଏ ଦୃଢ଼େ ମନୁଷ୍ୟ ମଧ୍ୟର
ଜ୍ଞାନବନ୍ତ ହେ,
ସେ ସକଳ ପାପରୁ ମୁକତ ହେ ॥ (୩)

ବୁଦ୍ଧି ଜ୍ଞାନ ଅସମ୍ମୋହ କ୍ଷମା ସତ୍ୟ ଦମ
ଉତ୍ପତ୍ତି ବିନାଶ ସୁଖଦୁଃଖ ଆଉ ଶମ
ଅପଯଶ ହେ,
ଯଶ ଭୟ ଅଭୟ ସନ୍ତୋଷ ହେ ॥ (୪)

ତପ ଦାନ ଅହିଂସା ସମତା ବିଂଶ ଭାବ
ଏହି ରୂପେ ପ୍ରାଣୀ ମଧ୍ୟେ ହୋଇଛି ସମ୍ଭବ
ନାନାବିଧ ହେ,
ମୋ'ଠାରୁ ହିଁ ହୋଇଛି ଉଦ୍ଭବ ହେ ॥ (୫)

ଏ ସଂସାରେ ସପ୍ତ ମହର୍ଷିଙ୍କ ପ୍ରଜାବର୍ଗେ
ଚତୁଃ ସନକ ଚଉଦ ମନୁ ଜାତ ପୂର୍ବେ
ମୋର ଭାବୁଁ ହେ,
ମୋ ମନରୁ ଜନ୍ମିଛନ୍ତି ସବୁ ହେ ॥ (୬)

ଯେ' ଜାଣଇ ମୋର ଏ ବିଭୂତି ଯୋଗତତ୍ତ୍ୱ
ଅବିଚଳ ଧ୍ୟାନଯୋଗେ ସେହି ହୁଏ ଯୁକ୍ତ
ତିଳେମାତ୍ର ହେ,
ଏଥିରେ ସନ୍ଦେହ ନାହିଁ ପାର୍ଥ ହେ ॥ (୭)

ମୁଁ ସାରା ସଂସାର ମୂଳ କାରଣ ତତ୍ତ୍ୱତଃ
ମୋ'ଠାରୁ ସର୍ବ ବିଷୟ ହେଉଛି ପ୍ରବୃତ୍ତ
ମାନିନେଇ ହେ,
ଜ୍ଞାନୀ ମୋତେ ଭାବରେ ଭଜଇ ହେ ॥ (୮)

ମଦଗତ୍ ଚିତ୍ତ ମଦଗତ୍ ପ୍ରାଣ ଭକ୍ତଜନ
ପରସ୍ପରକୁ ଜଣାଇ ମୋ ପ୍ରଭାବ ଗୁଣ
ଶୁଣି କହି ହେ,
ନିତ୍ୟ ତୁଷ୍ଟ ମୋଠାରେ ରମଇ ହେ ॥ (୯)

ମୋଠାରେ ଯେ ସଦା ଯୁକ୍ତ ମୋ ଭଜନେ ପ୍ରୀତ
ତାଙ୍କୁ ବୁଦ୍ଧିଯୋଗ ଦିଏ ଯେଣୁ ସେ ମୋ ଭକ୍ତ
ଯାହାଦ୍ୱାରା ହେ,
ମୋତେ ପ୍ରାପ୍ତ ହୁଅନ୍ତି ସେ ପରା ହେ ॥ (୧୦)

ସେ ଭକ୍ତମାନଙ୍କୁ କୃପା କରିବା ନିମିତ୍ତ
ତାଙ୍କ ସ୍ୱରୂପରେ ଥାଇ ଅଜ୍ଞାନ ଜନିତ
ଅନ୍ଧକାର ହେ,
ଜ୍ଞାନଦୀପ ଜାଳି କରେ ଦୂର ହେ ॥ (୧୧)

**ଅର୍ଜ୍ଜୁନ ଉବାଚ**

ଆପଣ ପରମବ୍ରହ୍ମ ପରମ ପବିତ୍ର
ପରମଧାମ ଆପଣ ପରମ ଶାଶ୍ୱତ
ଋଷିଗଣ ହେ,
କହନ୍ତି ଅଜନ୍ମା ସନାତନ ହେ ॥ (୧୨)

ଆଦିଦେବ ବିଭୂ ଦିବ୍ୟପୁରୁଷ ଆପଣ
ସର୍ବବ୍ୟାପୀ ବୋଲି ବ୍ୟାସ ଅସିତ ଦେବଳ
ଦେବଋଷି ହେ,
କହନ୍ତି ଆପଣ କହୁଛନ୍ତି ହେ ॥ (୧୩)

ହେ କେଶବ, ମୋତେ ତୁମେ କହୁଅଛ ଯାହା
ଏବେ ମୁହିଁ ପୂର୍ଣ୍ଣ ସତ୍ୟ ମଣୁଅଛି ତାହା
  (ତୁମ) ବ୍ୟକ୍ତହେବା ହେ,
ନ ଜାଣନ୍ତି ଦେବ କି ଦାନବା ହେ ॥ (୧୪)


ହେ ଭୂତେଶ ଦେବଦେବ ହେ ଭୂତଭାବନ
ଆହେ ଜଗତପତି ପ୍ରଭୁ ହେ ପୁରୁଷୋତ୍ତମ
  ତୁମେ ସ୍ୱୟଂ ହେ,
ନିଜେହିଁ ନିଜକୁ ଜାଣିଥାଅ ହେ ॥ (୧୫)


ଯେ ବିଭୂତି ଦ୍ୱାରା ସର୍ବଲୋକ କରି ବ୍ୟାପ୍ତ
ସେ ଦିବ୍ୟ ବିଭୂତି ମଧ୍ୟେ ନିଜେ ହୋଇ ସ୍ଥିତ
  ତା'ର ଅର୍ଥ ହେ,
ବର୍ଣ୍ଣିବାରେ ତୁମେ ହିଁ ସମର୍ଥ ହେ ॥ (୧୬)


ନିରନ୍ତର ପୂର୍ଣ୍ଣରୂପେ ମୁଁ ଚିନ୍ତନ କରି
ଯୋଗେଶ୍ୱର ଆପଣଙ୍କୁ ଜାଣିବି କିପରି ?
  କେଉଁ ଭାବେ ହେ,
ଆପଣ ମୋ ଚିନ୍ତନୀୟ ହେବେ ହେ ॥ (୧୭)


ଅମୃତମୟ ସେ ଯୋଗ ବିଭୂତିମାନଙ୍କୁ
ଆପଣ ପୁନଶ୍ଚ ମୋତେ ବିସ୍ତାରି କୁହନ୍ତୁ
  ଶୁଣି ଯେତେ ହେ,
ତୃପ୍ତି ନ ମିଳଇ ପରା ମୋତେ ହେ ॥ (୧୮)

**ଶ୍ରୀଭଗବାନ ଉବାଚ**

**ରାଗ - ପଞ୍ଚମ ବରାଡ଼ି**

**"ଆରେବାବୁ ଶ୍ୟାମଘନ ତୁ ଗଲେ ମଧୁଭୁବନ" ବୃତ୍ତେ**

ମୁଁ ନିଜ ଦିବ୍ୟ ବିଭୂତି                    ମୁଖ୍ୟରୂପେ ତୁମ କତି
କହିବି, କାରଣ ବିଭୂତିର
ବିସ୍ତାରର ନାହିଁ ଅନ୍ତ                    ମୁହିଁ ଆତ୍ମା ହୃଦେସ୍ଥିତ
ଆଦି ମଧ୍ୟ ଅନ୍ତ ମୁଁ ପ୍ରାଣୀର
ହେ, ନିଦ୍ରାଜୟୀ !
ଜ୍ୟୋତି ମଧ୍ୟେ ଅଂଶୁମାନ ସୂର୍ଯ୍ୟ
ମରୁତଗଣେ ମରୀଚି ତେଜ ॥ (୧୯-୨୧)

ଆଦିତ୍ୟ ଗଣରେ ମୁହିଁ                    ସଂସାରେ ବିଷ୍ଣୁ ଅଟଇ
ନକ୍ଷତ୍ର ମଧ୍ୟରେ ଅଟେ ଚନ୍ଦ୍ର
ବେଦମଧ୍ୟେ ଅଟେ ସାମ                    ଇନ୍ଦ୍ରିୟ ମଧ୍ୟରେ ମନ
ଦେବଙ୍କ ମଧ୍ୟରେ ଅଟେ ଇନ୍ଦ୍ର
ହେ ନିଦ୍ରାଜୟୀ !
ଚେତନା ଅଟେ ମୁଁ ପ୍ରାଣୀଙ୍କର
ରୁଦ୍ରଗଣ ମଧ୍ୟେ ମୁଁ ଶଙ୍କର ॥ (୨୧-୨୩)

ଯକ୍ଷରାକ୍ଷସେ କୁବେର                    ଜଳାଶୟରେ ସାଗର
ବସୁ ମଧ୍ୟେ ଅଟେ ମୁଁ ଅନଳ
ପୁରୋହିତ ମୁଖ୍ୟ ମୁହିଁ                    ବୃହସ୍ପତି ଯେ ଅଟଇ
ଗିରିମଧ୍ୟେ ସୁମେରୁ ଅଚଳ
ହେ, ମୋତେ ଜାଣ
ସେନାପତି ମଧ୍ୟେ ମୁହିଁ ସ୍କନ୍ଦ
ଭୃଗୁ ଅଟେ ମହର୍ଷିଙ୍କ ମଧ୍ୟ ॥ (୨୩-୨୫)

ବାଣୀମଧ୍ୟେ ଏକାକ୍ଷର ହିମାଳୟ ଯେ ସ୍ଥାବର
ଯଜ୍ଞରେ ଅଟେ ମୁଁ ଜପଯଜ୍ଞ
ସର୍ବ ବୃକ୍ଷରେ ଅଶ୍ୱତ୍ଥ ଗନ୍ଧର୍ବରେ ଚିତ୍ରରଥ
ଦେବର୍ଷି ମଧ୍ୟରେ ମୁଁ ନାରଦ
ହେ, ଧନଞ୍ଜୟ
ସିଦ୍ଧଙ୍କ ମଧ୍ୟେ କପିଳ ମୁନି
ମନୁଷ୍ୟ ମଧ୍ୟରେ ରାଜା ଗଣି ॥ (୨୫-୨୭)

ଅମୃତୋଦ୍ଭବ ସାଗର ମନ୍ଥନରୁ ମୁଁ ବାହାର
ଅଶ୍ୱ ମଧ୍ୟେ ଉଚ୍ଚୈଶ୍ରବା ମୁଁ ଯେ
ଗଜେନ୍ଦ୍ରଙ୍କ ମଧ୍ୟେ ମୁହିଁ ଐରାବତ ନାମବହି
ପ୍ରଜନନେ କାମଦେବ ସାଜେ
ହେ, ଧନଞ୍ଜୟ
କାମଧେନୁ ଅଟେ ଧେନୁ ମଧ୍ୟେ
ବଜ୍ର ଯେ ଅଟଇ ମୁଁ ଆୟୁଧେ ॥ (୨୭-୨୮)

ସର୍ପରେ ବାସୁକି ମୁହିଁ ନାଗେ ଅନନ୍ତ ବୋଲାଇ
ଜଳଜନ୍ତୁ ପ୍ରମୁଖ ବରୁଣ
ଅର୍ଯ୍ୟମା ମୁଁ ପିତୃଗଣେ ପ୍ରହଲ୍ଲାଦ ଦୈତ୍ୟପଣେ
ଶାସକ ମଧ୍ୟରେ ମୁହିଁ ଯମ
ହେ, ଧନଞ୍ଜୟ
ଗଣନାକାରୀ ମଧ୍ୟରେ କାଳ
ପକ୍ଷୀ ମଧ୍ୟେ ମୁଁ ଅଟେ ଗରୁଡ଼ ॥ (୨୯-୩୦)

ପଶୁମଧ୍ୟେ ସିଂହ ମୁହିଁ ମତ୍ସ୍ୟରେ ମକର କହି
ଶସ୍ତ୍ରଧାରୀ ମଧ୍ୟେ ଅଟେ ରାମ
ନଦୀ ମଧ୍ୟରେ ମୁଁ ଗଙ୍ଗା ବିଦ୍ୟାରେ ଅଧ୍ୟାତ୍ମ ବିଦ୍ୟା
ପବିତ୍ରକାରୀ ମଧ୍ୟେ ପବନ
ହେ, ଅରଜୁନ
ମୁଁ ସୃଷ୍ଟିର ଆଦି ଅନ୍ତ ମଧ୍ୟ
ତତ୍ତ୍ୱ ନିର୍ଣ୍ଣୟରେ ମୁହିଁ ବାଦ ॥ (୩୦-୩୨)

ଅକ୍ଷର ମଧ୍ୟେ ଅ'କାର ମୁଁ ଅକ୍ଷୟ ମହାକାଳ
ସମାସ ମଧ୍ୟରେ ଅଟେ ଦ୍ୱନ୍ଦ୍ୱ
ମୁଁ ବିଶ୍ୱମୁଖ ବିଧାତା ସର୍ବହର ମୃତ୍ୟୁଦାତା
ଭବିଷ୍ୟତର ମୁଁ ଉଦ୍ଭବ
ହେ, ଧନଞ୍ଜୟ
ନାରୀ ଜାତିରେ ମୁଁ କୀର୍ତ୍ତି, ସ୍ମୃତି
ଶ୍ରୀ, ବାକ୍, ମେଧା, କ୍ଷମା ଆଉ ଧୃତି ॥ (୩୩-୩୪)

ବୃହତ୍ ସାମ ଶ୍ରୁତିମଧ୍ୟେ ଗାୟତ୍ରୀ ମୁଁ ଅଟେ ଛନ୍ଦେ
ମାସ ମଧ୍ୟରେ ମୁଁ ମାର୍ଗଶିର
ଋତୁ ମଧ୍ୟରେ ବସନ୍ତ ଛଳନାରେ ମୁହିଁ ଦ୍ୟୁତ
ତେଜ ଅଟେ ମୁହିଁ ତେଜସ୍ୱୀର
ହେ, ଧନଞ୍ଜୟ
ବିଜୟୀ ମଧ୍ୟରେ ମୁଁ ବିଜୟ
ନିଶ୍ଚୟକାରୀଙ୍କ ମୁଁ ନିଶ୍ଚୟ ॥ (୩୫-୩୬)

ସାତ୍ତ୍ୱିକେ ମୁଁ ସତ୍ତ୍ୱଭାବ ବୃଷ୍ଣିବଂଶେ ବାସୁଦେବ
ଧନଞ୍ଜୟ ଅଟେ ପାଣ୍ଡବରେ
ବେଦବ୍ୟାସ ମୁନିମଧ୍ୟେ ଶୁକ୍ରାଚାର୍ଯ୍ୟ କବି ପଦେ
ମୌନ ଅଟେ ଗୋପନ ଭାବରେ
ହେ, ଧନଞ୍ଜୟ
ଦମନକାରୀଙ୍କ ଦଣ୍ଡ ନୀତି
ବିଜୟକାମୀଙ୍କ ମୁହିଁ ନୀତି ॥ (୩୬-୩୮)

ଜ୍ଞାନବାନଙ୍କର ଜ୍ଞାନ ସବୁକିଛି ମୁଁ ଅର୍ଜୁନ
ବୀଜ ଅଟେ ସର୍ବ ପ୍ରାଣୀଙ୍କର
ସଂସାରେ ତିଷ୍ଠି ରହିଛି ଏମିତି ମୋ ବିନା କିଛି
ପ୍ରାଣୀ ନାହିଁ ଚର କି ଅଚର
ହେ, ଧନଞ୍ଜୟ
ମୋ ଦିବ୍ୟ ବିଭୂତି ଅନ୍ତ ନାହିଁ
ସଂକ୍ଷେପି ବର୍ଣ୍ଣିଲି ତୁମପାଇଁ ॥ (୩୮-୪୦)

ଶୋଭାଯୁକ୍ତ ବଳଯୁକ୍ତ ଯା' ଅଛି ଐଶ୍ୱର୍ଯ୍ୟ ଯୁକ୍ତ
ପ୍ରାଣୀ ଆଉ ପଦାର୍ଥର ସତ୍ତ୍ୱ
ମୋ ତେଜ ଅଂଶୁଁ ଉତ୍ପନ୍ନ ସେସବୁ ହୋଇଛି ଜାଣ
ଜାଣିବାରେ କି ଅଛି ବହୁତ
ହେ, ଅରଜୁନ
ମୋ ଏକ ଅଂଶରେ ମୁହିଁ ନିଜେ
ଏ ଜଗତ ବ୍ୟାପ୍ତକରି ବିଜେ ॥ (୪୧-୪୨)

**'ଓଁ ତତ୍ସଦିତି ଶ୍ରୀମଭଗବତ୍ ଗୀତାସୂପନିଷତ୍ସୁ ବ୍ରହ୍ମବିଦ୍ୟାୟାଂ ଯୋଗଶାସ୍ତ୍ରେ ଶ୍ରୀକୃଷ୍ଣାର୍ଜୁନସମ୍ବାଦେ ବିଭୂତିଯୋଗୋ ନାମ ଦଶମୋଧ୍ୟାୟ ॥ (୧୦)**

- ୦ -

# ଏକାଦଶ ଅଧ୍ୟାୟ

## ବିଶ୍ୱରୂପ ଦର୍ଶନ ଯୋଗ

**ରାଗ - ବଙ୍ଗଳାଶ୍ରୀ**

**"ଭଜୁକିନା ରାମ ନାମରେ ଗୋବିନ୍ଦ ବୋଲୁକିନା ରାମନାମ" ବୃତ୍ତେ**

**ଅର୍ଜୁନ ଉବାଚ**

ମୋ ଉପରେ କୃପା କରିବା ପାଇଁକି
ଅଧ୍ୟାତ୍ମ ତୁମେ କହିଲ
ସେ ପରମ ଗୁଢ଼ ବଚନରେ ମୋର
ମୋହ ନଷ୍ଟ କରିଦେଲ। (୧)

ସର୍ବ ପ୍ରାଣୀଙ୍କର ଉତ୍ପତ୍ତି ବିନାଶ
ତୁମଠାରୁ ମୁଁ ଶୁଣିଲି
ବିସ୍ତୃତ ଭାବରେ ତୁମ ଅବିନାଶୀ
ମହାତ୍ମ୍ୟ ମଧ୍ୟା ଜାଣିଲି। (୨)

ତୁମେ ନିଜକୁ ଯେପରି କହୁଅଛ
ତା' ସତ୍ୟ ବୋଲି ଜାଣୁଛେ
ହେ ପରମେଶ୍ୱର ତୁମ ଈଶ୍ୱରୀୟ
ରୂପ ଦେଖିବାକୁ ଇଛେ । (୩)

ଭାବୁଛ ଯଦି ମୁଁ ଦେଖିବା ସମର୍ଥ
ତୁମ ଐଶ୍ୱରିକ ରୂପ
ତେବେ ଯୋଗେଶ୍ୱର ଦେଖାଅ ତୁମର
ସେ ଅବିନାଶୀ ସ୍ୱରୂପ । (୪)

**ଶ୍ରୀ ଭଗବାନ ଉବାଚ**

ଅନେକ ଆକାର ଅନେକ ପ୍ରକାର
ବିଶିଷ୍ଟ ବର୍ଣ୍ଣ ଅନେକ
ମୋର ଶହଶହ ସହସ୍ର ସହସ୍ର
ଅଲୌକିକ ରୂପ ଦେଖ । (୫)

ଦ୍ୱାଦଶ ଆଦିତ୍ୟ ଏକାଦଶ ରୁଦ୍ର
ଅଶ୍ୱିନୀ କୁମାର ଦ୍ୱୟ
ଅଣଚାଶ ବାୟୁ ଆଉ ଅଷ୍ଟବସୁ
ସବୁତ ଆଶ୍ଚର୍ଯ୍ୟମୟ ।
ପୂର୍ବରୁ କେହି ନ ଦେଖିଥିବା ରୂପ
ସବୁ ଏବେ ତୁମେ ଦେଖ
ହେ ଅର୍ଜୁନ ମୋର ଅଦୃଷ୍ଟ ଅପୂର୍ବ
ଆଶ୍ଚର୍ଯ୍ୟ ସ୍ୱରୂପ ଦେଖ ॥ (୬)

ମୋ ଦେହର ଏହି ଗୋଟିଏ ଅଂଶରେ
ଦେଖ ଚରାଚର ବିଶ୍ୱ
ଏହାଛଡ଼ା ତୁମେ ଆଉ ଯାହାକିଛି
ଦେଖିବାକୁ ଚାହଁ ଦେଖ । (୭)

ତୁମେ ତୁମ ଚର୍ମ ନୟନେ ମୋ ରୂପ
ଦେଖି ପାରିବନି ଯେଣୁ
ଯୋଗ ଐଶ୍ୱରୀୟ ରୂପ ଦେଖିବାକୁ
ଦେଲି ଦିବ୍ୟଚକ୍ଷୁ ତେଣୁ। (୮)

**ସଞ୍ଜୟ ଉବାଚ**

ହେ ରାଜନ, ଯୋଗେ- ଶ୍ୱର ଅର୍ଜୁନଙ୍କୁ
ଏହିପରି କହିସାରି
ମହାଯୋଗେଶ୍ୱର ପରମ ଈଶ୍ୱର
ରୂପ ଦେଖାଇଲେ ହରି। (୯)

ଅନେକ ମୁଖ ଅନେକ ନେତ୍ର ନାନା
ପ୍ରକାର ରୂପ ଅଦ୍ଭୁତ
ବହୁ ଦିବ୍ୟ ଆଭୂ - ଷଣରେ ମଣ୍ଡିତ
ଅନେକ ଆୟୁଧ ହସ୍ତ। (୧୦)

ଦିବ୍ୟମାଳା ଦିବ୍ୟ ବସ୍ତ୍ର ପରିଧାନ
ଦିବ୍ୟ ଗନ୍ଧ ଚନ୍ଦନରେ
ସର୍ବାଶ୍ଚର୍ଯ୍ୟମୟ ଅନନ୍ତ ବିଶ୍ୱତୋମୁଖ
ଦେବଙ୍କୁ ଦେଖିଲେ। (୧୧)

ଆକାଶରେ ଯେବେ ଏକତ୍ର ସହସ୍ର
ସୂର୍ଯ୍ୟ ଉଦୟ ହୁଅନ୍ତି
ତେବେ ତାଙ୍କ ଜ୍ୟୋତି ସେହି ମହାତ୍ମାଙ୍କ
ଜ୍ୟୋତିକି ସମ ନୁହନ୍ତି। (୧୨)

ଦେବାଧିଦେବଙ୍କ ଶରୀରେ ଅର୍ଜୁନ
ଗୋଟିଏ ସ୍ଥାନରେ ସ୍ଥିତ
ଅନେକ ପ୍ରକାର ଭାଗରେ ବିଭକ୍ତ
ଦେଖିଲେ ସର୍ବଜଗତ । (୧୩)

ବିଶ୍ୱରୂପ ଦେଖି ଅର୍ଜୁନ ଅତ୍ୟନ୍ତ
ରୋମାଞ୍ଚ ଚକିତ ହେଲେ
କୃତାଞ୍ଜଳିପୁଟେ ମଥାନତ କରି
ପ୍ରଣମି ଦେବେ କହିଲେ । (୧୪)

**ଅର୍ଜୁନ ଉବାଚ**

ହେ ଦେବ ତୁମର ଦେହେ ଦେବଗଣ
ଶିବ ବ୍ରହ୍ମା ପଦ୍ମାସୀନ
ବିଶେଷ ପ୍ରାଣୀ ବର୍ଗଙ୍କୁ ଦେଖୁଅଛି
ଦିବ୍ୟସର୍ପ ଋଷିଗଣ । (୧୫)

ଅନେକ ବାହୁ ଉଦର ମୁଖ ନେତ୍ର
ସର୍ବ ଦିଗରେ ଦେଖଇ
ଅନନ୍ତ ରୂପ ଦେଖୁଛି କିନ୍ତୁ ଆଦି
ମଧ୍ୟ ଅନ୍ତ ନ ଦେଖଇ । (୧୬)

ମୁକୁଟ ଗଦା ଚକ୍ର ତେଜରାଶିରେ
ସର୍ବଦିଗ ଦୀପ୍ତିମନ୍ତ
ଅଗ୍ନି ସୂର୍ଯ୍ୟ ସମ ଅପ୍ରମେୟ ରୂପ
ସର୍ବଦିଗରେ ଦେଖେତ ॥ (୧୭)

ତୁମେ ତ ଜ୍ଞାତବ୍ୟ ପରମ ଅକ୍ଷର
ଜଗତ ଆଶ୍ରା ନିଧାନ
ତୁମେ ତ ଶାଶ୍ୱତ ଧାର୍ମିକ ପୁରୁଷ
ଅବିନାଶୀ ସନାତନ। (୧୮)

ତୁମକୁ ଯେ ଆଦି ମଧ୍ୟ ଅନ୍ତ ଶୂନ୍ୟ
ଅନନ୍ତ ପ୍ରଭାବଶାଳୀ
ଅନନ୍ତ ଭୁଜ ଚନ୍ଦ୍ର ସୂର୍ଯ୍ୟ ନୟନ
ମୁଖଯେ ଅନଳ ଭଳି।
ସ୍ୱତେଜରେ ସାରା ସଂସାରକୁ ସନ୍ତା-
ପିତ କରିବା ଦେଖୁଛି
ତୁମ ଦ୍ୱାରା ପରା ପୃଥିବୀ ସ୍ୱର୍ଗର
ମଧ୍ୟସ୍ଥଳ ପୂରିଅଛି। (୧୯-୨୦)

ସକଳ ଦିଗରେ ହେ ମହାତ୍ମା ତବ
ଏହିଯେ ରୂପ ଅଦ୍ଭୁତ
ଉଗ୍ର ରୂପଦେଖି ତିନିଲୋକ ପରା
ହେଉଅଛି ପ୍ରବ୍ୟଥିତ। (୨୦)

ସକଳ ଦେବତା ଗଣ ତୁମ ଠାରେ
ପ୍ରବେଶ ଯେ କରୁଛନ୍ତି
ଭୟଭୀତ ଯୋଡ଼ ହସ୍ତ ଯେ କେତେକ
କୀର୍ତ୍ତନ କରୁଅଛନ୍ତି।
ଋଷିଗଣ ସିଦ୍ଧ ଗଣ ଯେ ମଙ୍ଗଳ
ସ୍ୱସ୍ତିବାଚନ କରନ୍ତି
ସୁନ୍ଦର ସୁନ୍ଦର ସ୍ତୋତ୍ରରେ ତୁମର
ସ୍ତୁତିଗାନ କରୁଛନ୍ତି ॥ (୨୧)

ଏକାଦଶ ରୁଦ୍ର ଦ୍ୱାଦଶ ଆଦିତ୍ୟ
ବିଶ୍ୱଦେବ ସାଧ୍ୟଗଣ
ଅଶ୍ୱିନୀକୁମାର ଅଣଚାଶ ବାୟୁ
ଅଷ୍ଟବସୁ ପିତୃଗଣ ।
ଗନ୍ଧର୍ବ ଯକ୍ଷ ରାକ୍ଷସ ସିଦ୍ଧଗଣ
ସମସ୍ତେ ହୋଇ ଚକିତ
ସର୍ବେ ଆପଣଙ୍କୁ ଦେଖୁଛନ୍ତି ପରା
ହୋଇ ଅପଲକ ନେତ୍ର । (୨୨)

ବହୁମୁଖ ନେତ୍ର ଭୁଜ ଉରୁ ପେଟ
ପାଦ ବିକଟାଳ ଦନ୍ତ
ଏହିରୂପ ଦେଖି ସର୍ବଲୋକ ସହ
ହେଉଛି ମୁଁ ବ୍ୟାକୁଳିତ । (୨୩)

ନାନାବର୍ଣ୍ଣ ଅତ୍ୟୁ- ଜ୍ଜ୍ୱଳ ନଭସ୍ପର୍ଶୀ
ତୁମ୍ଭ ମୁଖ ବିସ୍ତାରିତ
ଭୟେ ମୁଁ ନ ପାଏ ଧୈର୍ଯ୍ୟ ଶାନ୍ତି ଦେଖି
ବିଶାଳ ପ୍ରଦୀପ୍ତ ନେତ୍ର । (୨୪)

କରାଳ ଦନ୍ତ କାଳାଗ୍ନି ସମମୁଖ
ଦେଖି ହଜେ ଦିଗଜ୍ଞାନ
ତେଣୁହେ ଦେବେଶ ହେ ଜଗନ୍ନିବାସ
ଏବେ ହୁଅନ୍ତୁ ପ୍ରସନ୍ନ । (୨୫)

ଆମପକ୍ଷ ମୁଖ୍ୟ ଯୋଦ୍ଧାଗଣ ସହ
ଭୀଷ୍ମ ଦ୍ରୋଣ ସୂତପୁତ୍ର
ଧୃତରାଷ୍ଟ୍ର ସୁତ ଆପଣଙ୍କଠାରେ
ରାଜାମାନଙ୍କ ସହିତ । (୨୬)

କରାଳ ଦନ୍ତପନ୍ତି ମୁଖମଧ୍ୟରେ
ଦ୍ରୁତବେଗେ ପ୍ରବେଶନ୍ତି
ତନ୍ମଧ୍ୟରୁ କେତେ ବିଚୂର୍ଣ୍ଣ ମସ୍ତକ
ଦନ୍ତମଧ୍ୟେ ଲାଗିଛନ୍ତି । (୨୭)

ନଦୀସ୍ରୋତ ଦ୍ରୁତେ ହୁଏ ପ୍ରବାହିତ
ଯଥା ସିନ୍ଧୁ ଅଭିମୁଖେ
ନରଲୋକ ବୀରେ ପ୍ରବେଶନ୍ତି ତଥା
ତୁମରି ଜ୍ୱଳନ୍ତ ମୁଖେ । (୨୮)

ପତଙ୍ଗ ଯେପରି ବେଗେ ଅଗ୍ନି ମଧ୍ୟେ
ପଶଇ ହେବାକୁ ନାଶ
ଲୋକେ ସେହିପରି ତୁମରି ମୁଖରେ
ହୁଅନ୍ତି ବେଗେ ପ୍ରବେଶ । (୨୯)

ପ୍ରଜ୍ୱଳିତ ମୁଖ ପୁଞ୍ଜ ଦ୍ୱାରା ତୁମେ
ସର୍ବ ଲୋକ ଗ୍ରାସକରି
ଲେହନ କରୁଛ ସମଗ୍ର ଜଗତ
ଉଗ୍ରତେଜ ପୂର୍ଣ୍ଣକରି । (୩୦)

ନମୋ ଉଗ୍ରରୂପ ଦେବବର ମୋତେ
ଆପଣ କିଏ କୁହନ୍ତୁ
ନ ଜାଣେ ମୁଁ ଆଦି ରୂପ ଜାଣିବାକୁ
ଚାହେଁ ପ୍ରସନ୍ନ ହୁଅନ୍ତୁ । (୩୧)

**ଶ୍ରୀ ଭଗବାନ ଉବାଚ**

ଲୋକ କ୍ଷୟକାରୀ ମହାକାଳ ମୁହିଁ
ସର୍ବ ସଂହାରିବି ମୁହିଁ
ତୁମେ ଯୁଦ୍ଧ ନ କଲେବି ସେ ବିପକ୍ଷ
ସେନାତ ବର୍ତ୍ତିବେ ନାହିଁ । (୩୨)

ତେଣୁ ତୁମେ ଯୁଦ୍ଧ ପାଇଁ ଠିଆହୁଅ
ଶତ୍ରୁବଧି ଯଶଲଭ
ବିଜୟ ଉଲ୍ଲାସେ ପରିବାର ସହ
ସୁସମୃଦ୍ଧ ରାଜ୍ୟ ଭୋଗ ।
ଏମାନେ ମୋ ଦ୍ୱାରା ପୂର୍ବରୁ ସମସ୍ତେ
ହୋଇଅଛନ୍ତି ନିହତ
ଆହେ ସବ୍ୟସାଚୀ ଶତ୍ରୁ ବଧିବାରେ
ହୁଅ ତୁ ନିମିତ୍ତ ମାତ୍ର । (୩୩)

ଭୀଷ୍ମ ଦ୍ରୋଣ କର୍ଣ୍ଣ ଜୟଦ୍ରଥ ଅନ୍ୟ
ବୀର ମୋ ଦ୍ୱାରା ନିହତ
କର ତୁମେ ଯୁଦ୍ଧ ଶତ୍ରୁକୁ ଜିଣିବ
ନ ହୁଅ ତିଳେ ବ୍ୟଥିତ ॥ (୩୪)

**ସଞ୍ଜୟ ଉବାଚ**

କେଶବଙ୍କ ଏହି ବାକ୍ୟ ଶୁଣି ଭୟ-
ଭୀତ କିରିଟୀ ନମିଲେ
ପୁନଃ କରଯୋଡ଼ି ନମସ୍କାର କରି
ଗଦଗଦ୍ ବାଣୀ ବୋଇଲେ । (୩୫)

**ଅର୍ଜୁନ ଉବାଚ**

ସିଦ୍ଧଗଣ ସହ ସର୍ବେ ଆପଣଙ୍କୁ
ନମସ୍କାର କରୁଛନ୍ତି
ତୁମ ନାମଗୁଣ ଲୀଳା କୀର୍ତ୍ତନରେ
ଅନୁରକ୍ତ ହେଉଛନ୍ତି ।
ତୁମ କୀର୍ତ୍ତନରେ ଏ ସାରାଜଗତ
ହୁଏ ଯଥାର୍ଥ ହରଷ
ଭୟଭୀତ ହୋଇ ପଳାଉଅଛନ୍ତି
ଦଶଦିଗରୁ ରାକ୍ଷସ । (୩୬)

ବ୍ରହ୍ମାଙ୍କର ଆଦି କର୍ତ୍ତା ଯେ ତୁମେ ତ
ଗୁରୁମାନଙ୍କର ଗୁରୁ
ତୁମେ କାଳାତୀତ ସତ ଯେ ଅସତ
ପର ସତ ଅସତରୁ।
ହେ ମହାତ୍ମା ସେହି ସିଦ୍ଧଯେ କିପରି
ନ କରିବେ ନମସ୍କାର
ହେ ଜଗନ୍ନିବାସ ଅନନ୍ତ ଦେବେଶ
ତୁମେ ପରମ ଅକ୍ଷର। (୩୭)

ତୁମେ ଆଦିଦେବ ପୁରାଣ ପୁରୁଷ
ବିଶ୍ୱ ପରମ ନିଧାନ
ତୁମେ ଜ୍ଞାତା ଜ୍ଞେୟ ତୁମ ଦ୍ୱାରା ବିଶ୍ୱ
ବ୍ୟାପ୍ତ ହେ ପରମଧାମ। (୩୮)

ତୁମେ ବାୟୁ ଅଗ୍ନି ଜଳ ପ୍ରଜାପତି
ପିତା ମଧ୍ୟ ବ୍ରହ୍ମାଙ୍କର
ଯମରାଜ ଚନ୍ଦ୍ର ବରୁଣ ତୁମକୁ
ନମସ୍କାର ବାରମ୍ବାର। (୩୯)

ହେ ସର୍ବ ତୁମକୁ ଆଗରୁ ପଛରୁ
ସବୁଆଡୁ ନମସ୍କାର
ହେ ଅନନ୍ତବୀର୍ଯ୍ୟ ଅମିତବିକ୍ରମ
ନମସ୍ତେ ସହସ୍ରବାର।
ତୁମେ ତ ଜଗତ ସମାବେଶ କରି
ସ୍ୱୟଂ ତହିଁ ରହିଅଛ
ତୁମେ ତ ସକଳ ସ୍ୱୟଂ ତୁମେ ଏଠି
ସର୍ବରୂପ ହୋଇଅଛ। (୪୦)

ପ୍ରେମାବେଶେ ଅବା ପ୍ରମାଦ ବଶରେ
ନିର୍ବିଚାରେ ଯାହାକିଛି
ମଜାରେ ଯାଦବ କୃଷ୍ଣ ସଖା ବୋଲି
ଯାହା ତୁମକୁ କହିଛି । (୪୧)

ମୁହିଁ ଚଲାବୁଲା ବସାଉଠା ଶୁଆ
ଖିଆପିଆ ସମୟରେ
ତିରସ୍କାର କରି ସର୍ବସମ୍ମୁଖରେ
କେବେ ଅବା ଏକାନ୍ତରେ ।
ସଖା ମନେକରି ଏସବୁ କହିଛି
ନ ଜାଣି ତୁମ ମହିମା
ଆହେ ଅପ୍ରମେୟ ସେହି ଦୋଷ ପାଇଁ
କରିଦିଅ ମୋତେ କ୍ଷମା । (୪୨)
ଗୁରୁଙ୍କର ଗୁରୁ ପୂଜ୍ୟ ଚରାଚର
ବିଶ୍ୱପିତା ହିଁ ଆପଣ
ତୁମ ସମ କେହି ନାହିଁ ଏ ତ୍ରିଲୋକେ
ଅଧିକ କେ ଅପ୍ରତିମ । (୪୩)

ଯେହ୍ନେ ପିତା ପୁତ୍ର ସଖା ଯେ ସଖାର
ପତିପତ୍ନୀ ଅପମାନ
କ୍ଷମା କରିବାରେ ସମର୍ଥ ସେପରି
କ୍ଷମ ମୋର ଦୋଷମାନ ।
ତେଣୁ ହେ ପ୍ରଣମ୍ୟ ଈଶ୍ୱର ସାଷ୍ଟାଙ୍ଗ
ପ୍ରଣାମ କରି ତୁମକୁ
କରି ଦଣ୍ଡବତ ଚାହୁଁଛି ଏତିକି
ତୁମେ ପ୍ରସନ୍ନ ହେବାକୁ । (୪୪)

ଅଦୃଷ୍ଟ ଅପୂର୍ବ ରୂପ ଦେଖି ହର୍ଷ
ଭୟଭୀତ ମୋର ମନ
ଏଣୁ ସେହି ଦେବ ରୂପଟି ଦେଖାଅ
ହୋଇ ମୋତେ ସୁପ୍ରସନ୍ନ। (୪୫)

ମୋର ଇଚ୍ଛା ସେହି ଶଙ୍ଖ ଚକ୍ର ଗଦା
ପଦ୍ମ ଯେ କିରୀଟଧର
ସହସ୍ରଭୁଜ ବିଶ୍ୱ ମୂର୍ତ୍ତି ଏବେତ
ଚତୁର୍ଭୁଜ ରୂପ ଧର। (୪୬)

**ଶ୍ରୀ ଭଗବାନ ଉବାଚ**

ତୁମ ପୂର୍ଣ୍ଣ ସମ- ର୍ପିତ ଆଗ୍ରହରେ
ତୁମକୁ ହୋଇ ପ୍ରସନ୍ନ
ଆତ୍ମଯୋଗ ଦ୍ୱାରା ଏହି ବିଶ୍ୱରୂପ
ଦେଖାଇଲି ହେ ଅର୍ଜୁନ।
ଅତ୍ୟନ୍ତ ପରମ ତେଜୋମୟ ସମ
ସକଳର ଆଦି ଅନ୍ତ
ପୂର୍ବରୁ କେହିଯେ ଦେଖିତ ନାହାନ୍ତି
ଏରୂପ ତୁମ ବ୍ୟତୀତ। (୪୭)

ବେଦ, ଯଜ୍ଞ, ଶାସ୍ତ୍ର, କଠୋର ତପସ୍ୟା,
ଦାନ ଦ୍ୱାରା ମଧ୍ୟ କେହି
ତୁମଛଡ଼ା ମୋତେ ଏ ଲୋକେ ଏ ରୂପେ
ଦେଖିବା ସମର୍ଥ ନୋହି। (୪୮)

ବ୍ୟଥିତ ନ ହୁଅ ବିମୂଢ଼ ନ ହୁଅ
ଦେଖି ମୋର ଉଗ୍ରରୂପ
ନିର୍ଭୟେ ପ୍ରସନ୍ନ ହୋଇ ଦେଖ ଏବେ
ପୁନଃ ଚତୁର୍ଭୁଜ ରୂପ। (୪୯)

**ସଞ୍ଜୟ ଉବାଚ**

ବାସୁଦେବ ଏହା କହି ଅର୍ଜୁନଙ୍କୁ
ପୂର୍ବରୂପ ଦେଖାଇଲେ
ମହାତ୍ମା ଶ୍ରୀକୃଷ୍ଣ ସୌମ୍ୟବପୁ ଧରି
ଭୟରୁ ସାନ୍ତ୍ୱନା ଦେଲେ। (୫୦)

**ଅର୍ଜୁନ ଉବାଚ**

ଆହେ ଜନାର୍ଦ୍ଦନ ତୁମର ଏ ସୌମ୍ୟ
ମାନବ ରୂପ ଦର୍ଶନେ
ପ୍ରଶାନ୍ତ ଚିତ୍ତରେ ପ୍ରକୃତିସ୍ଥ ହେଲି
ଏବେ ମୁହିଁ ସ୍ଥିର ମନେ। (୫୧)

**ଶ୍ରୀ ଭଗବାନ ଉବାଚ**

ତୁମେ ମୋର ଯେଉଁ ଚତୁର୍ଭୁଜ ରୂପ
ଦର୍ଶନ କଲ ସତତଃ
ସେ ଦୁର୍ଲଭ ରୂପ ଦର୍ଶନେ ଦେବତା
ମଧ୍ୟ ସଦା ଲାଳାୟିତ। (୫୨)

ତୁମ ପକ୍ଷେ ଯେଉଁ ଚତୁର୍ଭୁଜ ରୂପ
ଦର୍ଶନ ହେଲା ସମ୍ଭବ
ବେଦ, ଯଜ୍ଞ, ତପ, ଦାନ ଦ୍ୱାରା ଯାହା
ଲଭିବାତ ଅସମ୍ଭବ। (୫୩)

ଆହେ ପରନ୍ତପ ଏହିପରି ଭାବେ
ମୁହିଁ ଅନନ୍ୟ ଭକ୍ତିରେ
ସଗୁଣ ସାକାର ରୂପେ ଦେଖି ଜାଣି
ଆଉ ପ୍ରାପ୍ତ ହୋଇପାରେ। (୫୪)

ମୋର ପରାୟଣ ହୋଇ ଯେଉଁ ଭକ୍ତ
         ମୋ ପାଇଁ କର୍ମ କରଇ
ସକଳ ପ୍ରାଣୀ ସହିତ ଅଶତ୍ରୁତା
     ଭାବ ସଦା ଆଚରଇ।
ହେ ପାଣ୍ଡବ ମୋର ପ୍ରେମୀଭକ୍ତ ସଦା
     ଥାଏ ଆସକ୍ତି ରହିତ
ମୋର ସେହିଭକ୍ତ ସଦା ସର୍ବଭାବେ
     ହୋଇଥାଏ ମୋତେ ପ୍ରାପ୍ତ। (୫୫)

ଓଁ ତସଦିତି ଶ୍ରୀମଭବଗତ୍ ଗୀତାସୂପନିଷସୁ ବ୍ରହ୍ମବିଦ୍ୟାୟାଂ ଯୋଗଶାସ୍ତ୍ରେ ଶ୍ରୀକୃଷ୍ଣାର୍ଜୁନ ସୟାଦେ ବିଶ୍ୱରୂପ ଦର୍ଶନ ଯୋଗୋ ନାମ ଏକାଦଶୋଧ୍ୟାୟଃ ॥ (୧୧)

- ୦ -

# ଦ୍ୱାଦଶ ଅଧ୍ୟାୟ

**ଭକ୍ତିଯୋଗ**

**ରାଗ - କୁମ୍ଭ କାମୋଦୀ**

**"ବିନାସୁଁ ନାଶା ଶ୍ରବଣ ସୂର୍ପଣଖା ପ୍ରବେଶ ଲଙ୍କାର" ବୃତ୍ତେ**

**ଅର୍ଜୁନ ଉବାଚ**

ଯେଉଁ ଯୋଗୀଭକ୍ତ ଉପାସନା କରେ
ସାକାର ସଗୁଣ
ଯେଉଁ ଭକ୍ତ ପୂଜା କରଇ ଅକ୍ଷର
ଅବ୍ୟକ୍ତ ନିର୍ଗୁଣ ।
ତାଙ୍କରି ମଧ୍ୟରୁ କେଉଁ ଯୋଗବେତ୍ତା
ଅଧିକ ଉତ୍ତମ ?
ସାକାର କି ନିରାକାର ଭକ୍ତ ଶ୍ରେଷ୍ଠ
କୁହ ନାରାୟଣ । (୧)

(୧୨ଶ)

**ଶ୍ରୀ ଭଗବାନ ଉବାଚ**

ମୋଠାରେ ମନୋନିବେଶି ମୋର ସହ
ନିତ୍ୟଯୁକ୍ତ ହୋଇ
ପରମ ଶ୍ରଦ୍ଧାରେ ଯେ' ମୋତେ ପୂଜନ୍ତି
ଶ୍ରେଷ୍ଠ ଯୋଗୀ ସେହି। (୨)

ଇନ୍ଦ୍ରିୟଗଣଙ୍କୁ ବଶକରି ଧ୍ରୁବ,
ଅଦୃଶ୍ୟ ଅଚିନ୍ତ୍ୟ
ସର୍ବବ୍ୟାପୀ ଯେ ଅଚଳ ନିର୍ବିକାର
ଅକ୍ଷର ଅବ୍ୟକ୍ତ ॥
ସର୍ବଭୂତ ହିତେରତ ଯେଉଁଭକ୍ତ
ମୋ' ପୂଜା କରନ୍ତି
ସବୁଠାରେ ସମବୁଦ୍ଧିଯୁକ୍ତ ଭକ୍ତ
ମୋତେ ତ ପାଆନ୍ତି। (୩-୪)

ଅବ୍ୟକ୍ତେ ଆସକ୍ତଚିତ୍ତ ସାଧକର
କଷ୍ଟ ଯେ ଅଧିକ
ଅବ୍ୟକ୍ତ ଜ୍ଞାନ ଦେହଧାରୀ ପାଇବା
କଷ୍ଟ ପ୍ରଦାୟକ। (୫)

ଯେ ସବୁ କରମ ମୋତେ ଅରପି ମୋ
ପରାୟଣ ହୋଇ
ଅନନ୍ୟ ଯୋଗରେ ମୋତେ ଧ୍ୟାନ କରି
ମୋତେ ଉପାସଇ। (୬)

ପାର୍ଥ ସେ ଭକତ ଚିତ୍ତ ନିବେଶିତ
ସର୍ବଦା ମୋଠାରେ
ଅଚିରେ ମରଣ ସଂସାର ସାଗରୁ
ମୁଁ ତାଙ୍କୁ ଉଦ୍ଧରେ ॥ (୭)

ମୋ'ଠାରେ ମନକୁ ସ୍ଥିରକର ଆଉ
ବୁଦ୍ଧିକୁ ନିବେଶ
ତା'ପରେ ତୁମେ ମୋ'ଠାରେ ନିଃସନ୍ଦେହେ
କରିବ ନିବାସ। (୮)

ମନକୁ ମୋ'ଠାରେ ସ୍ଥିର କରିବାରେ
ଯଦି ଅସମର୍ଥ
ଅଭ୍ୟାସ ଯୋଗରେ ମୋତେ ପାଇବାକୁ
ଚେଷ୍ଟା କର ପାର୍ଥ। (୯)

ଅଭ୍ୟାସ ଯୋଗରେ ଅସମର୍ଥ ଯେବେ
ମୋ ନିମନ୍ତେ କର୍ମ-
ପରାୟଣ ହୋଇ ସିଦ୍ଧି ଯିବ ପାଇ
ଜାଣ ହେ ଅର୍ଜୁନ। (୧୦)

ମୋ ଯୋଗେ ଆଶ୍ରିତ ହୋଇ କର୍ମେରତ
ଯେବେ ଅସମର୍ଥ
ସଂଯତାତ୍ମା ହୋଇ ସର୍ବକର୍ମ ଫଳ
ତ୍ୟାଗକର ପାର୍ଥ ॥ (୧୧)

ଅଭ୍ୟାସଠୁଁ ଜ୍ଞାନ ଶ୍ରେୟ ଜ୍ଞାନଠାରୁ
ଧ୍ୟାନ ଶ୍ରେୟସ୍କର
ଧ୍ୟାନଠାରୁ ଶ୍ରେୟ କର୍ମଫଳ ତ୍ୟାଗ
ଶାନ୍ତି ତତପର। (୧୨)

ଅଦ୍ୱେଷୀ, ଦୟାଳୁ, ନିର୍ମମ, ସଂଯମୀ,
ମିତ୍ର ଭାବାପନ୍ନ
ସୁଖଦୁଃଖେ ସମ କ୍ଷମାଶୀଳ ଯୋଗୀ
ଅହଂକାରଶୂନ୍ୟ। (୧୩)

ସର୍ବଭୂତେ ସମଭାବ, ମନବୁଦ୍ଧି
    ମୋ'ଠାରେ ଅର୍ପିତ
ସର୍ବଦା ସନ୍ତୁଷ୍ଟ ଯେ ଦୃଢ଼ନିଶ୍ଚୟୀ
    ସେ ମୋ ପ୍ରିୟଭକ୍ତ ॥ (୧୩-୧୪)

ଯାହାଦ୍ୱାରା କେହି ପ୍ରାଣୀ ଉଦ୍‌ବେଗ
    ପ୍ରାପ୍ତ ହୁଏନାହିଁ
ଯିଏ ନିଜେ ମଧ୍ୟ କେହି ପ୍ରାଣୀଦ୍ୱାରା
    ଉଦ୍‌ବିଗ୍ନ ନ ହୋଇ।
ହର୍ଷ ଈର୍ଷା ଭୟ ଉଦ୍‌ବେଗ ଶୂନ୍ୟ
    ଅଟେଯେ ଭକତ
ସେହି ମୋର ପ୍ରିୟ ଅଚିରେ ସେ ମୋତେ
    ହୁଅଇ ପ୍ରାପତ। (୧୫)

ପବିତ୍ର, ଉଦାସ, ଦକ୍ଷ, ଅନପେକ୍ଷ,
    ଯେ ବ୍ୟଥାରହିତ
ସର୍ବାରମ୍ଭ ତ୍ୟାଗୀ, ଫଳ ବଇରାଗୀ
    ସେ ମୋ ପ୍ରିୟଭକ୍ତ। (୧୬)

ନ ହୁଏ ହରଷ ନ କରେ ଯେ ଦ୍ୱେଷ
    ନ କରେ କାମନା
ଶୁଭାଶୁଭ ତ୍ୟାଗୀ ସେହି ମୋର ପ୍ରିୟ
    ଯେ ଅଶୋକମନା। (୧୭)

ମାନ ଅପମାନେ ସୁଖଦୁଃଖେ ଆଉ
    ବଇରୀ ମିତ୍ରରେ
ଅନାସକ୍ତ ଥାଏ ସମଭାବାପନ୍ନ
    ତପତ ଶୀତରେ। (୧୮)

ଯେ ନିନ୍ଦା ସ୍ତୁତିରେ ସମଭାବାପନ୍ନ
ସ୍ଥିରବୁଦ୍ଧି ଯୁକ୍ତ
ଅନିକେତ ମୁନି ଯେନକେନ ତୁଷ୍ଟ
ସେ ମୋ ପ୍ରିୟଭକ୍ତ। (୧୯)

ଶ୍ରଦ୍ଧାବାନ ମତ୍ପରାୟଣ ଯେ ଭକତ
ଏ ଅମୃତମୟ
ଧର୍ମ ଭଲଭାବେ କରନ୍ତି ପାଳନ
ସେ ଅତୀବ ପ୍ରିୟ। (୨୦)

**ଓଁ ତତ୍ସଦିତି ଶ୍ରୀମଦ୍ଭଗବଦ୍ ଗୀତାସୂପନିଷତ୍ସୁ ବ୍ରହ୍ମବିଦ୍ୟାୟାଂ ଯୋଗଶାସ୍ତ୍ରେ ଶ୍ରୀକୃଷ୍ଣାର୍ଜୁନ ସମ୍ବାଦେ ଭକ୍ତିଯୋଗୋ ନାମ ଦ୍ୱାଦଶୋଽଧ୍ୟାୟଃ ॥ (୧୨)**

- ୦ -

# ତ୍ରୟୋଦଶ ଅଧ୍ୟାୟ

**କ୍ଷେତ୍ର କ୍ଷେତ୍ରଜ୍ଞ ବିଭାଗ ଯୋଗ**

**ରାଗ - ନଳିନୀ ଗୌଡ଼ା**

**"ଥାଉଁ ଗଙ୍ଗାକୂଳେ ପରାଣ ବିକଳେ ତୃଷାରେ ଯେବେ ହାରିବି ପ୍ରାଣ" ବୃତ୍ତେ**

**ଶ୍ରୀଭଗବାନ ଉବାଚ**

ଏହି ଶରୀରକୁ କ୍ଷେତ୍ର କୁହାଯାଏ
ଏ କ୍ଷେତ୍ରକୁ ଯିଏ ଜାଣିଥାନ୍ତି
ଆହେ କୁନ୍ତୀପୁତ୍ର ଜ୍ଞାନୀଜନମାନେ
ତାହାକୁ ହିଁ କ୍ଷେତ୍ରଜ୍ଞ ବୋଲନ୍ତି ॥ (୧)

ହେ ଅର୍ଜୁନ ତୁମେ ସମସ୍ତ କ୍ଷେତ୍ରରେ
ମୋତେହିଁ କ୍ଷେତ୍ରଜ୍ଞ ବୋଲି ଜାଣ
କ୍ଷେତ୍ର କ୍ଷେତ୍ରଜ୍ଞ ବିଷୟକ ଜ୍ଞାନଟି
ମୋ' ମତରେ ଅଟେ ତତ୍ତ୍ୱଜ୍ଞାନ ॥ (୨)

ସେହିକ୍ଷେତ୍ର ଯାହା ଯେପରି ରହିଛି
ତାହାର ଯେଉଁ ବିକାର ଗୁଣ
ଯାହାଠାରୁ ସୃଷ୍ଟ ସେ କ୍ଷେତ୍ରଜ୍ଞ ଯିଏ
ତା' ପ୍ରଭାବ ସଂକ୍ଷେପରେ ଶୁଣ ॥ (୩)

ବେଦରେ ଋଚାରେ ବିବିଧ ପ୍ରକାରେ
ଋଷିଗଣ ଦ୍ୱାରା ବିସ୍ତାରିତ
ବ୍ରହ୍ମସୂତ୍ର ପଦଗୁଡ଼ିକରେ ଲେଖା
ଯୁକ୍ତିଯୁକ୍ତ ଏହା ସୁନିର୍ଣ୍ଣିତ ॥ (୪)

ଅବ୍ୟକ୍ତ ପ୍ରକୃତି ପଞ୍ଚମହାଭୂତ
ଏକ ମନ ଇନ୍ଦ୍ରିୟ ଯେ ଦଶ
ଏକ ବୁଦ୍ଧି ଏକ ଅହଂକାର ଆଉ
ପଞ୍ଚ ତନ୍ମାତ୍ରା ମିଶି ଚବିଶ ॥ (୫)

ଏ ଚବିଶ ତତ୍ତ୍ୱେ ଗଢ଼ା ଯେ କ୍ଷେତ୍ରଟି
ସୁଖ, ଦୁଃଖ, ଇଚ୍ଛା, ଦ୍ୱେଷ, ଧୃତି
ସଂଘାତ ଚେତନା ବିକାର ବିଶିଷ୍ଟ
ସଂକ୍ଷେପରେ ଏହାକୁ କହନ୍ତି ॥ (୬)

ଅମାନ, ଅଦମ୍ଭ, ଅହିଂସା ଆର୍ଜବ
ଗୁରୁସେବା ଆଉ ପବିତ୍ରତା
ସ୍ଥିରତା, ଇନ୍ଦ୍ରିୟ ବିଷୟେ ବୈରାଗ୍ୟ,
ମନୋନିଗ୍ରହ, କ୍ଷମାଶୀଳତା ॥ (୭)

ଜନମ, ମରଣ, ଜରା ଯେ ବ୍ୟାଧିରେ
ଦୁଃଖ ଦୋଷଦୃଷ୍ଟି ବାରମ୍ବାର
ଇନ୍ଦ୍ରିୟ ଭୋଗରେ ସଦା ବଇରାଗ
ସଦା ସର୍ବଦା ନିରହଂକାର ॥ (୮)

ପୁତ୍ର ଦାର ଗୃହାଦିରେ ଅନାସକ୍ତ
ନିରନ୍ତର ମମତା-ରହିତ
ଇଷ୍ଟ ଅନିଷ୍ଟ ପ୍ରାପ୍ତିରେ ଅବିଚଳ
ସର୍ବଦା ଯେ ରହେ ସମଚିତ୍ତ ॥ (୯)

ମୋ'ଠାରେ ଅନନ୍ୟ ଯୋଗରେ ଆଶ୍ରିତ
କରି ଅବ୍ୟଭିଚାରିଣୀ ଭକ୍ତି
ଏକାନ୍ତ ସ୍ଥାନେ ରହିବାର ସ୍ୱଭାବ
ଜନଗହଳିରେ ଯା' ଅରତି ॥ (୧୦)

ଅଧ୍ୟାତ୍ମ ଜ୍ଞାନରେ ନିତ୍ୟ ସ୍ଥିତି ଆଉ
ତତ୍ତ୍ୱଜ୍ଞାନର ଅର୍ଥ ଦର୍ଶନ
ଏସବୁକୁ ଜ୍ଞାନ ବୋଲି କୁହାଯାଏ
ଏହା ବିପରୀତ ଯେ ଅଜ୍ଞାନ ॥ (୧୧)

ଯାହା ଜ୍ଞେୟ, ଯାହା ଜାଣିଗଲେ ନର
ଅନୁଭବ କରଇ ଅମୃତ
ଉତ୍ତମ ଭାବରେ କହିବି ମୁଁ ସେହି
ପରମାତ୍ମ ବିଷୟକ ତତ୍ତ୍ୱ ।
ସେ ଅଟେ ଅନାଦି ସେହି ପରଂବ୍ରହ୍ମ
ଜ୍ଞେୟତତ୍ତ୍ୱ ପରା ଅଟେ ସେହି
ତାକୁ ସତ ବୋଲି କୁହାଯାଏ ନାହିଁ
ଅସତ ବି କହିହୁଏ ନାହିଁ ॥ (୧୨)
ସେ ପରମାତ୍ମାଙ୍କ ସବୁସ୍ଥାନେ ହସ୍ତ
ପଦ, ଶିର, ମୁଖ, କର୍ଣ୍ଣ, ନେତ୍ର
ରହିଛି ସଂସାରେ ସ୍ଥିତ ହୋଇଛନ୍ତି
ସେହି ସମସ୍ତଙ୍କୁ କରି ବ୍ୟାପ୍ତ ॥ (୧୩)

ଇନ୍ଦ୍ରିୟ-ରହିତ ମାତ୍ର ସର୍ବେନ୍ଦ୍ରିୟ
ଗୁଣ ବିଷୟର ଅଟେ ଜ୍ଞାତା
ଆସକ୍ତି-ରହିତ ସଂସାର ପାଳକ
ନିର୍ଗୁଣ ହୋଇ ସେ ଗୁଣଭୋକ୍ତା ॥ (୧୪)

ସେ କ୍ଷେତ୍ରଜ୍ଞ ସକଳ ଜୀବ ବାହାରେ
ଭିତରେ ସର୍ବଦା ପରିପୂର୍ଣ୍ଣ
ଚରାଚର ପ୍ରାଣୀ ରୂପେ ମଧ୍ୟ ସେହି
ସୂକ୍ଷ୍ମ ରୂପରେ ବିରାଜମାନ।
ଅତିସୂକ୍ଷ୍ମ ହୋଇଥିବାରୁ ଯେ ସେହି
ସର୍ବବ୍ୟାପ୍ତ ମାତ୍ର ଅଗୋଚର
ଅତି ଦୂରେ ଥାଏ ପାର୍ଥ ପୁଣି ସିଏ
ଥାଏ ମଧ୍ୟ ଅତି ନିକଟର ॥ (୧୫)

ସ୍ୱୟଂ ଅବିଭକ୍ତ ହୋଇ ମଧ୍ୟ ସେହି
ପରମାତ୍ମା ସବୁ ପ୍ରାଣୀଠାରେ
ହୋଇଣ ବିଭକ୍ତ ସେହି ଜ୍ଞେୟତତ୍ତ୍ୱ
ପ୍ରାଣୀଙ୍କୁ ସୃଜେ, ପାଳେ, ସଂହରେ ॥ (୧୬)

ସେ ସର୍ବ ଜ୍ୟୋତିର ଜ୍ୟୋତି, ଜ୍ଞାନ ରୂପ
ଅଜ୍ଞାନରୁ ସିଏ ଅତିପର
ଜାଣିବାର ଯୋଗ୍ୟ ଜ୍ଞାନରେ ପ୍ରାପ୍ତବ୍ୟ
ବିରାଜିତ ସର୍ବ ହୃଦୟର ॥ (୧୭)

ଏହି ରୂପେ ସଂକ୍ଷେପରେ କୁହାଗଲା
କ୍ଷେତ୍ର, ଜ୍ଞାନ, ଜ୍ଞେୟ ବିଷୟରେ
ମୋ ଭାବକୁ ପ୍ରାପ୍ତ ହୁଏ ମୋ ଭକତ
ଏହାଜାଣି ତତ୍ତ୍ୱ ସହକାରେ ॥ (୧୮)

ପ୍ରକୃତି ପୁରୁଷ ଉଭୟଙ୍କୁ ତୁମେ
    ଅନାଦି ବୋଲିଟି ଜାଣିଯାଅ
ପ୍ରକୃତିରୁ ସର୍ବଗୁଣ ଓ ବିକାର
    ସୃଷ୍ଟିହୁଏ ବୋଲି ଜାଣିଥାଅ ॥ (୧୯)

କାର୍ଯ୍ୟ, କରଣ ଉତ୍ପନ୍ନ କରିବାରେ
    ପ୍ରକୃତିକୁ ହେତୁ କୁହାଯାଏ
ସୁଖଦୁଃଖ ଭୋଗିବାରେ ପୁରୁଷକୁ
    ହେତୁ ବୋଲି କୁହାଯାଇଥାଏ ॥ (୨୦)

ପ୍ରକୃତିରେ ରହି ଜୀବ ପୁରୁଷଟି
    ଭୋଗେ ପ୍ରକୃତିଜ ଗୁଣ-ବସ୍ତୁ
ଗୁଣସଙ୍ଗ ହିଁ ଜୀବର ଭଲ ମନ୍ଦ
    ଯୋନି ପ୍ରାପ୍ତିର ଯେ ଅଟେ ହେତୁ ॥ (୨୧)

ଏ ଦେହେ ପୁରୁଷ ରହି ସାକ୍ଷୀଭାବେ
    ଉପଦ୍ରଷ୍ଟା ଯେ ବୋଲାଇଥାଏ
ସମ୍ମତି ଦେବାରୁ ଅନୁମନ୍ତା, ଭର୍ତ୍ତା
    ଭରଣ ପୋଷଣରୁ ବୋଲାଏ ॥
ସୁଖଦୁଃଖ ଭୋଗୀ ଭୋକ୍ତା ସେ ବୋଲାଏ
    ସ୍ୱାମୀ ହେତୁ ହୁଏ ମହେଶ୍ୱର
ଏ ରୂପେ କଥିତ ଏହି ପରମାତ୍ମା
    ଦେହେ ଥାଇ ଦେହୁଁ ଅଟେ ପର ॥ (୨୨)

ଏହିରୂପେ ଗୁଣ ସହିତ ପ୍ରକୃତି
    ପୁରୁଷକୁ ଜାଣେ ଯେଉଁ ଜନ
ସେ ବର୍ତ୍ତମାନରେ ରତଥିଲେ ମଧ୍ୟ
    ପାଏନାହିଁ ଆଉ ପୁନର୍ଜନ୍ମ ॥ (୨୩)

କେହି ଧ୍ୟାନ ଦ୍ୱାରା କେହି ସାଂଖ୍ୟ ଦ୍ୱାରା
ଯୋଗଦ୍ୱାରା, କର୍ମଯୋଗ ଦ୍ୱାରା
ନିଜ ହୃଦୟରେ ପରମାତ୍ମତତ୍ତ୍ୱ
ଦରଶନ କରିଥାନ୍ତି ପରା ॥ (୨୪)

ଆଉ କେତେକ ଏ ଯୋଗକୁ ନ ଜାଣି
ଅନ୍ୟଠୁଁ କେବଳ ଶୁଣିକରି
ଉପାସନା କରି ଶ୍ରୁତିପରାୟଣ
ମନୁଷ୍ୟ ମୃତ୍ୟୁକୁ ଯାଏ ତରି ॥ (୨୫)

ସ୍ଥାବର ଜଙ୍ଗମ ସହ ଯେତେ ପ୍ରାଣୀ
ସୃଷ୍ଟି ହେଉଛନ୍ତି ଏହି ଭବେ
କ୍ଷେତ୍ର କ୍ଷେତ୍ରଜ୍ଞ ସଂଯୋଗରୁ ସମ୍ଭବ
ବୋଲି ତାହା ତୁମେ ବୁଝ ଏବେ ॥ (୨୬)

ସମସ୍ତ ନଶ୍ୱର ପ୍ରାଣୀଙ୍କ ମଧ୍ୟର
ଅବିନଶ୍ୱର ଯେ ସମସ୍ଥିତ,
ପରମେଶ୍ୱରଙ୍କୁ ଏଭଳି ଯେ ଦେଖେ
ବାସ୍ତବରେ ସେ ଦେଖେ ଉଚିତ ॥ (୨୭)

ଯେ ସର୍ବତ୍ର ସମସ୍ଥିତ ଈଶ୍ୱରଙ୍କୁ
ସମାନ ଭାବରେ ଦେଖୁଥାଏ
ନିଜ ଦ୍ୱାରା ନିଜ ହିଂସା ନ କରିଣ
ସେ ପରମଗତି ପ୍ରାପ୍ତ ହୁଏ ॥ (୨୮)

ଯେ ଦେଖେ ସମସ୍ତ କାର୍ଯ୍ୟ ସର୍ବଭାବେ
ପ୍ରକୃତି ଦ୍ୱାରା ଯେ ହେଉଥାଇ
ନିଜକୁ ଅକର୍ତ୍ତା ବୋଲି ଦେଖେ ଯିଏ
ସେହିପରା ଯଥାର୍ଥ ଦେଖଇ ॥ (୨୯)

ଯେବେ ପ୍ରାଣୀର ଭିନ୍ନଭିନ୍ନ ଭାବକୁ
ଏକ ବ୍ରହ୍ମଠାରେ ଅବସ୍ଥିତ
ବିସ୍ତାରିତ ଦେଖେ ପରମ ଆତ୍ମାରେ
ସେତେବେଳେ ହୁଏ ବ୍ରହ୍ମପ୍ରାପ୍ତ ॥ (୩୦)

ଅନାଦି ନିର୍ଗୁଣ ହେତୁ ଅବିନାଶୀ
ପରମାତ୍ମା ଏ ଶରୀରେ ଥାଇ
ହେ କୌନ୍ତେୟ ସେହି କିଛି ନ କରଇ
କେଉଁଥିରେ ଲିପ୍ତ ହୁଏନାହିଁ ॥ (୩୧)

ସର୍ବବ୍ୟାପ୍ତ ନଭ ଅତିସୂକ୍ଷ୍ମ ହେତୁ
ଯେପରି କେଉଁଠି ନୋହେ ଲିପ୍ତ
ସେପରି ଦେହେ ସର୍ବତ୍ର ଥାଇ ଆତ୍ମା
ଶରୀରେ ମଧ୍ୟରେ ନୋହେ ଲିପ୍ତ ॥ (୩୨)

ଏକମାତ୍ର ସୂର୍ଯ୍ୟ ଯେପରି ସମଗ୍ର
ସଂସାରକୁ କରେ ଆଲୋକିତ
ସେପରି କ୍ଷେତ୍ରଜ୍ଞ ସମସ୍ତ ଶରୀର
କ୍ଷେତ୍ରକୁ କରଇ ପ୍ରକାଶିତ ॥ (୩୩)

ଜ୍ଞାନଚକ୍ଷୁ ଦ୍ୱାରା କ୍ଷେତ୍ର କ୍ଷେତ୍ରଜ୍ଞର
ବିଭାଗକୁ ଯିଏ ଜାଣିଯା'ନ୍ତି
ପ୍ରକୃତିରୁ ସ୍ୱୟଂ ମୁକ୍ତ ଅନୁଭବି
ପରମାତ୍ମା ପ୍ରାପ୍ତ ହୋଇଥାନ୍ତି ॥ (୩୪)

**ଓଁ ତତ୍ସଦିତି ଶ୍ରୀମଭଗବତ୍ ଗୀତାସୂପନିଷତ୍ସୁ ବ୍ରହ୍ମବିଦ୍ୟାୟାଂ ଯୋଗଶାସ୍ତ୍ରେ ଶ୍ରୀକୃଷ୍ଣାର୍ଜୁନ ସମ୍ବାଦେ କ୍ଷେତ୍ରକ୍ଷେତ୍ରଜ୍ଞବିଭାଗ ଯୋଗୋ ନାମ ତ୍ରୟୋଦଶୋଧ୍ୟାୟଃ ॥ (୧୩)**

- ୦ -

# ଚତୁର୍ଦ୍ଦଶ ଅଧ୍ୟାୟ

## ଗୁଣତ୍ରୟ ବିଭାଗ ଯୋଗ

**ରାଗ - ଚିନ୍ତା ଭୈରବ**

**"ଆହା ଧନୁର୍ଦ୍ଧର ବୀରବର, ଧନୁଶରକି ନଥିଲା କର" ବୃତ୍ତେ**

**ଶ୍ରୀ ଭଗବାନ ଉବାଚ**

ସର୍ବ ଜ୍ଞାନ ମଧ୍ୟରେ ଉତ୍ତମ, ଶ୍ରେଷ୍ଠ ଜ୍ଞାନ ମୁଁ କହିବି ପୁଣ
ଯାହାଜାଣି ଏ ସଂସାରୁ ମୁକ୍ତହୋଇ
ସିଦ୍ଧି ପାଇଛନ୍ତି ମୁନିଗଣ।। ହେ ଅର୍ଜୁନ ।। (୧)

ଯିଏ ଜ୍ଞାନର ଆଶ୍ରୟ ନେଇ, ମୋର ସଧର୍ମତା ପ୍ରାପ୍ତ ହୋଇ
ସେ ମହାପ୍ରଳୟେ ବ୍ୟଥିତ ନୁହନ୍ତି
ମହାସର୍ଗେ ମଧ୍ୟ ଜନ୍ମ ନୋହି।। ହେ ଅର୍ଜୁନ ।। (୨)

ମୂଳପ୍ରକୃତି ମୋ ସୃଷ୍ଟିସ୍ଥାନ, ଜୀବରୂପକ ଗର୍ଭ ସ୍ଥାପନ
କରେ ମୁଁ ସେଥିରେ, ସେଇଥିରୁ ସବୁ
ପ୍ରାଣୀମାନଙ୍କ ହୁଏ ଉତ୍ପନ୍ନ।। ହେ ଅର୍ଜୁନ ।। (୩)

ଗୁଣମୟୀ ମହତ୍ ବ୍ରହ୍ମ ତଥା ମୂଳପ୍ରକୃତି ପ୍ରାଣୀଙ୍କ ମାତା
ସର୍ବଯୋନିରେ ଯେତେ ଦେହସୃଷ୍ଟି ମୁଁ
ତାଙ୍କ ବୀଜପ୍ରଦାୟକ ପିତା।। ହେ ଅର୍ଜୁନ ।। (୪)

ପ୍ରକୃତିରୁ ହୋଇଣ ଉତ୍ପନ୍ନ, ସତ୍ତ୍ୱ ରଜ ତମ ଏ ତ୍ରିଗୁଣ
ଅବିନାଶୀ ଦେହୀକୁ ଦେହ ମଧ୍ୟରେ
ଦୃଢ଼େ କରିଅଛନ୍ତି ବନ୍ଧନ।। ହେ ଅର୍ଜୁନ ।। (୫)

ସେହି ଗୁଣଗୁଡ଼ିକ ମଧ୍ୟରେ, ସତ୍ତ୍ୱଗୁଣ ସ୍ୱଚ୍ଛ ନିର୍ବିକାରେ
ପ୍ରକାଶକ ସୁଖାସକ୍ତି ଜ୍ଞାନାସକ୍ତି
ଦ୍ୱାରା ଦେହୀକୁ ବନ୍ଧନ କରେ।। ହେ ଅର୍ଜୁନ ।। (୬)

ରାଗ ସ୍ୱରୂପ ଏ ରଜୋଗୁଣ, ତୃଷ୍ଣା, ଆସକ୍ତି କରଇ ଜନ୍ମ
କର୍ମାସକ୍ତି ଦ୍ୱାରା ଦେହସ୍ଥ ଦେହୀକୁ
ବନ୍ଧନରେ ସେ ପକାଏ ଜାଣ।। ହେ ଅର୍ଜୁନ ।। (୭)

ଅଜ୍ଞାନରୁ ଜାତ ତମୋଗୁଣ, ମୋହିତ କରେ ସକଳ ଜାଣ
ପ୍ରମାଦ, ଆଳସ୍ୟ ଆଉ ନିଦ୍ରାଦ୍ୱାରା
ତାହା ଦେହୀକୁ କରେ ବନ୍ଧନ।। ହେ ଅର୍ଜୁନ ।। (୮)

ସତ୍ତ୍ୱ ସୁଖରେ, ରଜ କର୍ମରେ, ମନୁଷ୍ୟକୁ ଆସକ୍ତ ସେ କରେ
ତମୋଗୁଣ ଜ୍ଞାନ ଆଚ୍ଛାଦିତ କରି
ତାକୁ ପ୍ରମାଦରେ ଲିପ୍ତ କରେ।। ହେ ଅର୍ଜୁନ ।। (୯)

ରଜ, ତମକୁ କରି ଦମନ, କେବେ ବଢ଼ିଯାଏ ସତ୍ତ୍ୱଗୁଣ
ତମ ଓ ସତ୍ତ୍ୱକୁ ଦମନ କରିଣ
ବୃଦ୍ଧିପାଏ କେବେ ରଜୋଗୁଣ।। ହେ ଅର୍ଜୁନ ।।
ସତ୍ତ୍ୱ, ରଜକୁ ଦମନ କରି କେବେ ତମୋଗୁଣ ଯାଏ ବଢ଼ି
ଏହିମଳି ଭାବେ ସଦା ଚାଲିଥାଏ
କେବେ କାହାପରେ କିଏ ଭାର।। ହେ ଅର୍ଜୁନ ।। (୧୦)

ଏହି ଦେହସ୍ଥ ଅନ୍ତକରଣ ଦ୍ୱାରେ ଉଦୟ ବିବେକ ଜ୍ଞାନ
ହେଲେ ସତ୍ତ୍ୱଗୁଣ ବଢ଼ିଛି ବୋଲି ତୁ
ବୁଝି ଉଚିତ ଭାବରେ ଜାଣ॥ ହେ ଅର୍ଜୁନ ॥ (୧୧)

ଯଦି ରଜୋଗୁଣ ହୁଏ ବୃଦ୍ଧି କର୍ମାରମ୍ଭ ଅଶାନ୍ତି, ପ୍ରବୃତ୍ତି,
ଲୋଭ, ସ୍ପୃହା ଭଳି ଅନେକ ଯେ ବୃତ୍ତି
ଏକସଙ୍ଗରେ ଜାତ ହୁଅନ୍ତି॥ ହେ ଅର୍ଜୁନ ॥ (୧୨)

ଯଦି ବଢ଼ିଯାଏ ତମୋଗୁଣ ଅପ୍ରବୃତ୍ତି, ପ୍ରମାଦ, ଅଜ୍ଞାନ
ଅନ୍ତଃକରଣରେ ଜାତ ହୋଇଥାନ୍ତି,
ଅପ୍ରକାଶ ମୋହାଦି ଦୁର୍ଗୁଣ॥ ହେ ଅର୍ଜୁନ ॥ (୧୩)

ସତ୍ତ୍ୱଗୁଣ ବଢ଼ିଥିବା ବେଳେ ଯଦି ନର ପରଲୋକ ଚଳେ
ତେବେ ସେ ଉତ୍ତମ ଜ୍ଞାନୀଙ୍କୁ ନିର୍ମଳ
ସ୍ୱର୍ଗ ଆଦି ଲୋକମାନ ମିଳେ॥ ହେ ଅର୍ଜୁନ ॥ (୧୪)

ବଢ଼ିଥିବା ବେଳେ ରଜୋଗୁଣ ଯେବେ ମନୁଷ୍ୟ ତେଜଇ ପ୍ରାଣ
ତେବେ କର୍ମାସକ୍ତ ମନୁଷ୍ୟ ଯୋନିରେ
ନିଏ ସେହି ବାରମ୍ବାର ଜନ୍ମ॥ ହେ ଅର୍ଜୁନ ॥
ବଢ଼ିଥିବା ବେଳେ ତମୋଗୁଣ ଯେବେ ମନୁଷ୍ୟ ତେଜଇ ପ୍ରାଣ
ତେବେ ସେହି ପ୍ରାଣୀ ମୂଢ଼ ଯୋନି ମଧ୍ୟେ
ଦୁଃଖ ଭୋଗିଥାଏ ନେଇଜନ୍ମ॥ ହେ ଅର୍ଜୁନ ॥ (୧୫)

ସାତ୍ତ୍ୱିକୀ କର୍ମ ଫଳ ନିର୍ମଳ ଦୁଃଖ ରାଜସୀ କର୍ମର ଫଳ
ସୁକୃତଗଣ କହନ୍ତି ତାମସର
ଅଟେ ଅଜ୍ଞାନତା କର୍ମଫଳ॥ ହେ ଅର୍ଜୁନ ॥ (୧୬)

ସତ୍ତ୍ୱଗୁଣରୁ ସୃଷ୍ଟି ଯେ ଜ୍ଞାନ ରଜୋଗୁଣରୁ ଲୋଭ ଉତ୍ପନ୍ନ
ତମୋଗୁଣରୁ ପ୍ରମାଦ ମୋହ ସୃଷ୍ଟି
ଆଉ ମଧ୍ୟ ସୃଜିତ ଅଜ୍ଞାନ॥ ହେ ଅର୍ଜୁନ ॥ (୧୭)

ଊର୍ଦ୍ଧ୍ୱଲୋକକୁ ଯା'ନ୍ତି ସାତ୍ତ୍ୱିକ  ମର୍ତ୍ତ୍ୟେ ଜନମନ୍ତି ରାଜସିକ
ଜଘନ୍ୟ ଗୁଣବୃତ୍ତିରେ ସ୍ଥିତ ହୋଇ
ଅଧୋଗତି ପାଏ ତାମସିକ ॥ ହେ ଅର୍ଜୁନ ॥ (୧୮)

ଯେବେ ଏ ତ୍ରିଗୁଣ ଛଡ଼ା ଦ୍ରଷ୍ଟା ଅନ୍ୟ କାହାକୁ ନ ଦେଖେ କର୍ତ୍ତା
ଆତ୍ମା ଗୁଣାତୀତ ବୋଲି ଜାଣିଯାଏ
ତେବେ ଅନୁଭବେ ମୋର ସତ୍ତା ॥ ହେ ଅର୍ଜୁନ ॥ (୧୯)

ଦେହୀ ଦେହର ଉତ୍ପନ୍ନକାରୀ  ତ୍ରିଗୁଣକୁ ଅତିକ୍ରମ କରି
ଜନ୍ମମୃତ୍ୟୁ ଜରା ଦୁଃଖରୁ ମୁକୁଳି
ଲଭେ ଅମରତ୍ୱ ଦେହଧାରୀ ॥ ହେ ଅର୍ଜୁନ ॥ (୨୦)

**ଅର୍ଜୁନ ଉବାଚ**

ଏହି ତ୍ରିଗୁଣ ଅତୀତ ଜନ  କିଶ ତା' ଲକ୍ଷଣ ଆଚରଣ
କେଉଁପରି ଅତିକ୍ରମ କରାଯାଇ
ପାରେ ଏହିଶକ୍ତ ତିନିଗୁଣ ? ॥ ହେ କେଶବ ! (୨୧)

**ଶ୍ରୀ ଭଗବାନ ଉବାଚ**

ମୋହ, ପ୍ରବୃତ୍ତି ଆଉ ପ୍ରକାଶ  ପୂର୍ଣ୍ଣଭାବେ ହେଲେବି ପ୍ରବୃତ୍ତ
ଏହାପ୍ରତି ସେହି ଦ୍ୱେଷ କରେନାହିଁ
ତାକୁ ନ ଇଚ୍ଛେ ହେଲେ ନିବୃତ୍ତ ॥ ହେ ଅର୍ଜୁନ ॥ (୨୨)

ଯିଏ ଉଦାସୀନ ଭଳି ସ୍ଥିତ  ଗୁଣଦ୍ୱାରା ନୁହେଁ ବିଚଳିତ
ଗୁଣହିଁ ଗୁଣରେ ପ୍ରବୃତ୍ତ ହେଉଛି
ମାନି ଅଚେଷ୍ଟ ଭାବେ ସେ ସ୍ଥିତ ॥ ହେ ଅର୍ଜୁନ ॥ (୨୩)

ସୁଖଦୁଃଖେ ସମ ଧୈର୍ଯ୍ୟବାନ  ମାଟି ପଥର ସୁନାରେ ସମ
ପ୍ରିୟ ଅପ୍ରିୟରେ ନିନ୍ଦା ପ୍ରଶଂସାରେ
ସଦା ଥାଏ ସମଭାବାପନ୍ନ ॥ ହେ ଅର୍ଜୁନ ॥

ନିଜ ସ୍ୱରୂପରେ ଥାଏ ସ୍ଥିତ ମାନ ଅପମାନ ଶତ୍ରୁ ମିତ୍ର
ପକ୍ଷେ ସମରହେ କର୍ମାରମ୍ଭ ତେଜି
ତାକୁ କୁହାଯାଏ ଗୁଣାତୀତ॥ ହେ ଅର୍ଜୁନ ॥ (୨୪-୨୫)

ଯେଉଁ ମନୁଷ୍ୟ ଅବ୍ୟଭିଚାରୀ ଭକ୍ତିଯୋଗରେ ମୋ ସେବା କରି
ସଦା ସେ ଗୁଣକୁ ଅତିକ୍ରମି ହୁଏ
ବ୍ରହ୍ମ ପ୍ରାପ୍ତିର ଯେ ଅଧିକାରୀ॥ ହେ ଅର୍ଜୁନ ॥ (୨୬)

କାରଣ ସେ ଅକ୍ଷର ବ୍ରହ୍ମର ଅବିନାଶୀ ତଥା ଅମୃତର
ଐକାନ୍ତିକ ସୁଖ, ଶାଶ୍ୱତ ଧର୍ମର
ମୁହିଁ ଏକମାତ୍ର ଯେ ଆଧାର॥ ହେ ଅର୍ଜୁନ ॥ (୨୭)

**ଓଁ ତତ୍ସଦିତି ଶ୍ରୀମଦ୍ଭଗବତ୍ ଗୀତାସୂପନିଷତ୍ସୁ ବ୍ରହ୍ମବିଦ୍ୟାୟାଂ ଯୋଗଶାସ୍ତ୍ରେ**
**ଶ୍ରୀକୃଷ୍ଣାର୍ଜୁନ ସମ୍ବାଦେ ଗୁଣତ୍ରୟ ବିଭାଗ ଯୋଗୋ ନାମ ଚତୁର୍ଦ୍ଦଶୋଧ୍ୟାୟଃ ॥ (୧୪)**

- ୦ -

# ପଞ୍ଚଦଶ ଅଧ୍ୟାୟ

## ପୁରୁଷୋତ୍ତମ ଯୋଗ

**ରାଗ - ଚିନ୍ତା କାମୋଦୀ**

**"ଆହେ ନୀଳଶଇଳ ପ୍ରବଳ ମତ୍ତ ବାରଣ" ବୃତ୍ତେ**

**ଶ୍ରୀ ଭଗବାନ ଉବାଚ**

ସଂସାର ଅଶ୍ୱତ୍ଥ ବୃକ୍ଷ ମୂଳଗୋଟି ଉପରେ
କୁହାଯାଏ ଶାଖା ଯା'ର ତଳଆଡ଼େ ବ୍ୟାପେରେ।
ବେଦମାନେ ଯା'ର ପତ୍ର ଅବ୍ୟୟ ଯେ' ଅଟଇ
ଏ ବୃକ୍ଷକୁ ଜାଣେ ଯିଏ ବେଦଜ୍ଞ ସେ ବୋଲାଇ ॥ (୧)

ସେ ବୃକ୍ଷର ଡାଳ ବ୍ୟାପିଥାଏ ତଳ ଉପର
ତ୍ରିଗୁଣେ ବଢ଼ି ବିଷୟ କଅଁଳ ଯେ ପତର।
ତା' ମୂଳ ମନୁଷ୍ୟଲୋକେ କର୍ମବନ୍ଧେ ବାନ୍ଧଇ
ତଳ ଉପର ସର୍ବତ୍ର ପରିବ୍ୟାପ୍ତ ମେ ଥାଇ ॥ (୨)

ଏହିବୃକ୍ଷ ରୂପ ଦୃଶ୍ୟମାନ ହୁଏ ଯେପରି
ଇହଲୋକେ ଉପଲବ୍ଧ ହୁଏନାହିଁ ସେପରି ।
କାରଣ ଯେ ଆଦି ସ୍ଥିତି ଅନ୍ତ ନାହିଁ ଏହାରି
ଅସଙ୍ଗ ଶସ୍ତ୍ରରେ ଦୃଢ଼ମୂଳ ତା' ଛେଦ କରି ॥ (୩)

ତା'ପରେ ସେହି ପଦକୁ ଅନ୍ୱେଷଣ ଉଚିତ
ପୁନର୍ବାର ନ ଫେରନ୍ତି ଯାହାହେଲେ ପ୍ରାପତ ।
ଯାହାଠାରୁ ଏହି ପୁରାତନ ବୃକ୍ଷ ବିସ୍ତୃତ
ସେ ଆଦି ପୁରୁଷ ପଦେ ଶରଣ ଯେ ଉଚିତ ॥ (୪)

ଅଭିମାନଶୂନ୍ୟ ଅନାସକ୍ତ ମୋହରହିତ
ପରମ ଆତ୍ମା ସହିତ ନିରନ୍ତର ସଂଯୁକ୍ତ ।
ସୁଖଦୁଃଖ ଦ୍ୱନ୍ଦ୍ୱମୁକ୍ତ ଯେ କାମନାରହିତ
ଅବିନାଶୀ ପଦକୁ ସେ ହୋଇଥାନ୍ତି ପ୍ରାପତ ॥ (୫)

ସେହି ପଦକୁ ତପନ ଚନ୍ଦ୍ର ଅଗ୍ନି ବା କେହି
କେବେ ମଧ୍ୟ ପ୍ରକାଶିତ କରି ଯେ ନ ପାରଇ ।
ଯାହା ପାଇ ଜୀବ ଏ ସଂସାରକୁ ବାରମ୍ବାର
ଲେଉଟନ୍ତି ନାହିଁ ସେହି ପରମ ଧାମ ମୋର ॥ (୬)

ଦେହେ ଜୀବାତ୍ମା ମୋ ସନାତନ ଅଂଶ ଅଟଇ
ପ୍ରକୃତିସ୍ଥ ମନ ପଞ୍ଚେନ୍ଦ୍ରିୟଙ୍କୁ ଆକର୍ଷଇ ॥ (୭)

ଗନ୍ଧ ଆଶୟରୁ ବାୟୁ ଗନ୍ଧ ବହେ ଯେପରି
ଏକ ଦେହ ତେଜି ମନ ଇନ୍ଦ୍ରିୟଗଣ ଧରି ।
ଶରୀରର ସ୍ୱାମୀ ବୋଲାଉଥିବା ଏ ଈଶ୍ୱରେ
ସେହିପରି ଚାଲିଯାଏ ଅନ୍ୟ ଏକ ଶରୀରେ ॥ (୮)

ଏ ଜୀବାତ୍ମା କର୍ଣ୍ଣ, ଚକ୍ଷୁ, ଚର୍ମ, ଜିହ୍ୱା, ନାସାରେ
ମନଦ୍ୱାରା ସଂସାର ବିଷୟ ସେବନ କରେ ॥ (୯)

ଏକ ଦେହଛାଡ଼ି ଅନ୍ୟ ଶରୀରକୁ ଧରଇ
ସେ ଦେହେ ବିଷୟ ମଧ୍ୟ ଉପଭୋଗ କରଇ ।
ଗୁଣଯୁକ୍ତ ଜୀବାତ୍ମା ରୂପକୁ ମୂଢ଼ ନ ଜାଣେ
ଜ୍ଞାନୀ ଜାଣଇ ସମସ୍ତ ଦେଖି ଜ୍ଞାନ ନୟନେ ॥ (୧୦)

ଯତ୍ନଶୀଳ ଯୋଗୀମାନେ ନିଜ ହୃଦୟେ ସ୍ଥିତ
ଆତ୍ମାକୁ ଦେଖନ୍ତି ଜାଣି ଏ ପରମାତ୍ମ ତତ୍ତ୍ୱ ।
ଅଶୁଦ୍ଧ ଅନ୍ତକରଣ ଅବିବେକୀ ଯେତେକ
ଅନୁଭବି ନ ପାରନ୍ତି ଯତ୍ନ କରି ଅନେକ ॥ (୧୧)

ସମଗ୍ର ଜଗତକୁ ଯେ ଆଲୋକିତ କରୁଛି
ସେ ସୂର୍ଯ୍ୟଙ୍କୁ ତେଜ ମୋ'ଠାରୁ ଯେ ପ୍ରାପ୍ତ ହେଉଛି ।
ଯେଉଁ ତେଜ ବହିଛନ୍ତି ଚନ୍ଦ୍ରମା ହୁତାଶନ .
ସେ ତେଜ ମଧ୍ୟ ମୋହର ଏବେ ଜାଣ ଅର୍ଜୁନ ॥ (୧୨)

ସ୍ୱୟଂ ମୁହିଁ ପୃଥିବୀରେ ପ୍ରବେଶ ଯେ କରିଣ
ମୋ ଶକ୍ତି ଦ୍ୱାରା କରୁଛି ସର୍ବପ୍ରାଣୀ ଧାରଣ ।
ମୁହିଁ ରସମୟ ଚନ୍ଦ୍ର ରୂପକୁ ଯେ ଧରିଛି
ବନସ୍ପତି ଔଷଧିକୁ ପରିପୁଷ୍ଟ କରୁଛି ॥ (୧୩)

ପ୍ରାଣୀମାନଙ୍କ ଶରୀରେ ମୁହିଁ ହୋଇ ଆଶ୍ରିତ
ପଞ୍ଚବାୟୁ ମଧ୍ୟରୁ ମୁଁ ପ୍ରାଣ ଅପାନ ଯୁକ୍ତ ॥
ବୈଶ୍ୱାନର ଭାବରେ ଜଠରେ କରଇ ଜୀର୍ଣ୍ଣ
ଚର୍ବ୍ୟ ଚୋଷ୍ୟ ଲେହ୍ୟ ପେୟ ଚାରିପ୍ରକାର ଅନ୍ନ ॥ (୧୪)

ପ୍ରତ୍ୟେକ ପ୍ରାଣୀ ହୃଦୟେ ମୁହିଁ ତ ବିରାଜଇ
ମୋ'ଠାରୁ ହିଁ ସ୍ମୃତି, ଜ୍ଞାନ, ଅପୋହନ ହୁଅଇ।
ମୁଁ ସମସ୍ତ ବେଦରେ ଜାଣିବା ଯୋଗ୍ୟ ବିଷୟ
ମୁଁ ବେଦାନ୍ତ କର୍ତ୍ତା ବେଦଜ୍ଞାତା ଅଟଇ ସ୍ୱୟଂ ॥ (୧୫)

ଏ ସଂସାରେ ପୁରୁଷ ଅଛନ୍ତି ଦୁଇ ପ୍ରକାର
ସର୍ବପ୍ରାଣୀ ଦେହ କ୍ଷର ଜୀବାତ୍ମା ଯେ ଅକ୍ଷର ॥ (୧୬)

ଉତ୍ତମ ପୁରୁଷ ଯିଏ ବିଲକ୍ଷଣ ଅଟନ୍ତି
ଯାହାଙ୍କୁ ଅବିନଶ୍ୱର ପରମାତ୍ମା କହନ୍ତି।
ସେ ଈଶ୍ୱର ତିନିଲୋକେ ପରବେଶ ହୋଇଣ
ସମସ୍ତଙ୍କର କରନ୍ତି ଭରଣ ଯେ ପୋଷଣ ॥ (୧୭)

କ୍ଷରରୁ ଅତୀତ ଯେଣୁ ଅକ୍ଷରରୁ ଉତ୍ତମ
ତେଣୁ ଲୋକେ ବେଦେ ପ୍ରସିଦ୍ଧ ମୁଁ ପୁରୁଷୋତ୍ତମ ॥ (୧୮)

ଯେଉଁ ଜ୍ଞାନୀଜନ ମୋତେ ଜାଣେ ପୁରୁଷୋତ୍ତମ
ସେ ସର୍ବଜ୍ଞ ସର୍ବଭାବେ ମୋତେ କରେ ଭଜନ ॥ (୧୯)

ହେ ଅନଘ, ଏ ପ୍ରକାରେ ଅତି ଯେ ଗୋପନୀୟ
ଏହି ଶାସ୍ତ୍ର କୁହାଗଲା ଜାଣି ଛେଦ ସଂଶୟ।
ଏହା ଜାଣିଗଲେ ନର ଜ୍ଞାନବାନ ବୋଲାଇ
ଜ୍ଞାତ ଜ୍ଞାତବ୍ୟକୁ ଜାଣି କୃତକୃତ୍ୟ ହୁଅଇ ॥ (୨୦)

**ଓଁ ତତ୍ସଦିତି ଶ୍ରୀମଦ୍ଭଗବତ୍ ଗୀତାସୂପନିଷତ୍ସୁ ବ୍ରହ୍ମବିଦ୍ୟାୟାଂ ଯୋଗଶାସ୍ତ୍ରେ ଶ୍ରୀକୃଷ୍ଣାର୍ଜୁନ ସମ୍ବାଦେ ପୁରୁଷୋତ୍ତମଯୋଗୋ ନାମ ପଞ୍ଚଦଶୋଧ୍ୟାୟଃ ॥ (୧୫)**

- ୦ -

# ଷୋଡ଼ଶ ଅଧ୍ୟାୟ

## ଦୈବାସୁର ସମ୍ପଦ ବିଭାଗ ଯୋଗ

**ରାଗ - କାମୋଦୀ**

**"ବାଧିଲା ଜାଣି କ୍ଷମା କର ନୋହିଲେ ରମାରମଣ ଦଣ୍ଡେ ଦିଅ ଟାଳି" ବୃତ୍ତେ**

**ଶ୍ରୀ ଭଗବାନ ଉବାଚ**

ଶୁଦ୍ଧ ଅନ୍ତକରଣ ଯୋଗରେ ଦୃଢ଼ଜ୍ଞାନ
ସାତ୍ତ୍ୱିକ ଦାନ ଯେ ଅଭୟ
କର୍ତ୍ତବ୍ୟପରାୟଣ ଯଜ୍ଞ ସରଳପଣ
ଇନ୍ଦ୍ରିୟ ଦମନ ସ୍ୱାଧ୍ୟାୟ
ହେ ଧନଞ୍ଜୟ
ଅହିଂସା ଯେ ସତ୍ୟଭାଷଣ କ୍ରୋଧମୁକ୍ତ ତପ ନିଷ୍କାମ
ପ୍ରାଣୀଙ୍କପ୍ରତି ଦୟା ତେଜି ସଂସାର ମାୟା
ଅଚପଳତା ଶାନ୍ତମନ ॥ (୧-୨)

ସମ୍ମାନ ନ ଚାହିଁବା ଚୁଗୁଲି ନ କରିବା
ଅକର୍ତ୍ତବ୍ୟରେ ଲଜ୍ଜାବୋଧ
କୋମଳତା ଯେ ତେଜ କ୍ଷମା ଶଉଚ ଧୈର୍ଯ୍ୟ
ଅବୈରତା ଦୈବୀସମ୍ପଦ
ହେ ଧନଞ୍ଜୟ
ଦମ୍ଭ ଦର୍ପ ଯେ ଅଭିମାନ କ୍ରୋଧ କଠୋରତା ଅଜ୍ଞାନ
ଏସବୁ ଅଭିଜାତ ଦୈତ୍ୟ ସମ୍ପଦ ପ୍ରାପ୍ତ
ମନୁଷ୍ୟମାନଙ୍କ ଲକ୍ଷଣ ॥ (୨-୪)

ଦୈବୀସମ୍ପଦ ମୁକ୍ତି ନିମନ୍ତେ ହୁଏ ପ୍ରାପ୍ତି
ବନ୍ଧନ ନିମନ୍ତେ ଆସୁର
ଏହି ଦୈବୀ ସମ୍ପଦ ତୁମେ ହୋଇଛ ପ୍ରାପ୍ତ
ଏଣୁ ତୁ ଶୋକ ଯେ ନକର
ହେ ଧନଞ୍ଜୟ
ଏ ଲୋକେ ଦୁଇଟି ପ୍ରକାର ପ୍ରାଣୀସୃଷ୍ଟି ଦୈବୀ ଆସୁର
ଦୈବୀସମ୍ପଦମାନ କହିଲି ବିସ୍ତାରିଣ
ଶୁଣ ସମ୍ପଦ ଅସୁରର ॥ (୫-୬)

ଏ ଆସୁରୀ ପ୍ରକୃତି ମନୁଷ୍ୟ ନ ଜାଣନ୍ତି
ପ୍ରବୃତ୍ତି ନିବୃତ୍ତି କାରଣ
ସତ୍ୟ ପାଳନ ଶୌଚ ନ ଥାଏ ତାଙ୍କରତ
ନ ଥାଏ ଶ୍ରେଷ୍ଠ ଆଚରଣ
ହେ ଧନଞ୍ଜୟ
ତାଙ୍କ ମତରେ ଏ ଅସତ୍ୟ ବିନା ଈଶ୍ୱରେ ଆପେ ଜାତ
ବିନା ମର୍ଯ୍ୟାଦାବନ୍ତ ସ୍ତ୍ରୀ ପୁରୁଷ ସଂଜାତ
କାମ ଏହାର ହେତୁ ମାତ୍ର ॥ (୭-୮)

ଏହି ନାସ୍ତିକ ଭାବ ଆଶ୍ରୟ କରି ଜୀବ
ନ ମାନି ସ୍ୱରୂପକୁ ନିତ୍ୟ
ଅଳ୍ପବୁଦ୍ଧି ନଷ୍ଟାତ୍ମା ସଂସାର ଶତ୍ରୁଧର୍ମା
ଯେ' ସବୁ ଉଗ୍ରକର୍ମେ ରତ
ହେ ଧନଞ୍ଜୟ
ତାଙ୍କର ସମସ୍ତ ସାମର୍ଥ୍ୟ ଜଗତ ବିନାଶେ ଉଦ୍ଦିଷ୍ଟ
ଅପୂରଣୀୟ କାମ ଆଶ୍ରୟେ ଅଭିମାନ
କରି କରନ୍ତି ସୃଷ୍ଟି ନଷ୍ଟ ॥ (୯-୧୦)

ଅଶୌଚ ଅପବିତ୍ର ଦମ୍ଭ ମଦରେ ମତ୍ତ
ମୋହରୁ ଅସତ୍ୟରେ ମାତି
ଉପଭୋଗରେ ରତ ଭୋଗ ସର୍ବସ୍ୱ ସେ ତ
କାମୋପଭୋଗ ସଦା ଚିନ୍ତି
ହେ ଧନଞ୍ଜୟ
ତାଙ୍କର ଚିନ୍ତା ଯେ ଅନନ୍ତ ସ୍ଥାୟୀ ଯା' ମରଣ ପର୍ଯ୍ୟନ୍ତ
ସେ ଚିନ୍ତା ଆଶ୍ରେକରି ରହନ୍ତି ସ୍ଥିରକରି
ଭୋଗ ଯେ ସୁଖ ଏକମାତ୍ର ॥ (୧୦-୧୧)

ଶତ ଆଶାପାଶରେ ଆବଦ୍ଧ ସେହି ନରେ
ସେ କାମ କ୍ରୋଧ ପରାୟଣ
ପଦାର୍ଥ ଭୋଗପାଇଁ ଅନ୍ୟାୟ ମାର୍ଗଦେଇ
ଚେଷ୍ଟିତ ସଞ୍ଚିବାକୁ ଧନ
ହେ ଧନଞ୍ଜୟ
ଏତେକ ପାଇ ଆଜି ପୂର୍ଣ୍ଣ କରିବି ମନୋବାଞ୍ଛାମାନ
ଆଜି ଏତକ ଧନ ମୋ ପାଖେ ଅଛି ଜାଣ
କାଲି ଆହୁରି ହେବ ଧନ ॥ (୧୨-୧୩)

ଏ ଶତ୍ରୁ କଲି ହତ ଅନ୍ୟେ କରିବି ହତ
ମୁଁ ଭୋଗୀ ମୁଁ ସିଦ୍ଧ ପୁରୁଷ
ମୁଁ ସୁଖୀ ବଳବାନ ମୁଁ ଈଶ ଜନବାନ
ଧନବାନ କେ ମୋ ସଦୃଶ
ହେ ଧନଞ୍ଜୟ
ଯଜ୍ଞ ମୁଁ କରିବି ବହୁତ ଦାନଦେଇ ସୁଖ ପ୍ରାପତ
ଆଜି ମୁହିଁ କରିବି ମଉଜରେ ରହିବି
ଏହି ଅଜ୍ଞାନେ ବିମୋହିତ ॥ (୧୪-୧୫)

କାମଭୋଗରେ ଚିତ୍ତ ଯାହାର ବିଭ୍ରମିତ
ମୋହଜାଲେ ଦୃଢ଼େ ଆବୃତ
କାମୋପଭୋଗ ପ୍ରତି ଯିଏ ଆସକ୍ତ ଅତି
ସେ ଘୋର ନରକେ ପତିତ
ହେ ଧନଞ୍ଜୟ
ଅବିନୟୀ ସେ ଦମ୍ଭୀମାନେ ନିଜକୁ ସର୍ବପୂଜ୍ୟମାନେ
ଧନ ମାନରେ ମତ୍ତ ଅବିଧି ଯଜ୍ଞକୃତ
ପ୍ରସିଦ୍ଧି ପାଇଁ ନିଜନାମେ ॥ (୧୬-୧୭)

ବଳ, ଦର୍ପ, ଅହଂତ୍ୱ କାମକ୍ରୋଧ ଆଶ୍ରିତ
ସକଳ ସେ ନିନ୍ଦୁକ ନରେ
ନିଜପର ଦେହସ୍ଥ ମୋ ସହ କରେ ଦ୍ୱେଷ
ନିଜକୁ ଶ୍ରେଷ୍ଠ ସେ ବିଚାରେ
ହେ ଧନଞ୍ଜୟ
ସେ ଦ୍ୱେଷପରାୟଣ ନର ଅଧମ ପାପାଚାରୀ କ୍ରୂର
ସ୍ୱଭାବଯୁକ୍ତ ଯିଏ ମୁହିଁ ତାକୁ ପକାଏ
ଦୈତ୍ୟ ଯୋନିରେ ବାରମ୍ବାର ॥ (୧୮-୧୯)

ସେସବୁ ମୂଢ଼ବ୍ୟକ୍ତି       ମୋତେ ନ କରି ପ୍ରାପ୍ତି
ଆସୁରୀ ଯୋନି ପାଇଥାନ୍ତି
ଜନମ ଜନ୍ମାନ୍ତର        ବହୁ ଅଧିକତର
ଅଧମ ଗତିକୁ ଲଭନ୍ତି
ହେ ଧନଞ୍ଜୟ
ତ୍ରିବିଧ ଅଟେ ନର୍କଦ୍ୱାର  କାମ କ୍ରୋଧ ଲୋଭ ଆବର
ଜୀବାତ୍ମାର ପତନ କରେ ଏ ତିନି ଜାଣ
ଉଚିତେ ଏହା ତ୍ୟାଗକର ॥ (୨୦-୨୧)

ଏ ତିନି ତମଦ୍ୱାର       ମୁକ୍ତ ହୋଇ ଯେ ନର
ଆତ୍ମକଲ୍ୟାଣ ଆଚରନ୍ତି
ପରମ ଗତି ସେହି       ନିଶ୍ଚେ ପ୍ରାପ୍ତ ହୁଅଇ
ସଦା ସର୍ବଦା ମୋତେ ଚିନ୍ତି
ହେ ଧନଞ୍ଜୟ
ଯେ ଶାସ୍ତ୍ର ବିଧିକୁ ଉପେକ୍ଷି  ଆଚରେ ନିଜ ମନୋମୁଖୀ
ନ ହୁଏ ସିଦ୍ଧି ପ୍ରାପ୍ତି ନାହିଁ ପରମଗତି
ନ ହୁଏ କେବେ ମଧ୍ୟ ସୁଖୀ ॥ (୨୨-୨୩)

ତୁମ ପାଇଁ ଉତ୍ତମ       ଶାସ୍ତ୍ରବିଧିରେ କର୍ମ
କରିବା ଏବେ ତୁମେ ଜାଣ
କର୍ତ୍ତବ୍ୟ ଅକର୍ତ୍ତବ୍ୟ       ନିରୂପଣରେ ଶାସ୍ତ୍ର
ଅଟଇ ଅକାଟ୍ୟ ପ୍ରମାଣ
ହେ ଧନଞ୍ଜୟ
ଏକଥା ଭଲଭାବେ ଜାଣି  ଶାସ୍ତ୍ର ବିଧାନ ପରିମାଣି
ବର୍ତ୍ତମାନ ତୁମେତ ଶାସ୍ତ୍ର ବିଧି ସମ୍ମତ
କର୍ତ୍ତବ୍ୟ କରିବା ଉଚିତ ॥ (୨୪)

**ଓଁ ତତ୍ସଦିତି ଶ୍ରୀମଦ୍ଭଗବତ୍ ଗୀତାସୂପନିଷତ୍ସୁ ବ୍ରହ୍ମବିଦ୍ୟାୟାଂ ଯୋଗଶାସ୍ତ୍ରେ ଶ୍ରୀକୃଷ୍ଣାର୍ଜୁନ ସମ୍ବାଦେ ଦୈବାସୁର ସମ୍ପଦ ବିଭାଗଯୋଗୋ ନାମ ଷୋଡ଼ଶୋଧ୍ୟାୟଃ ॥ (୧୬)**

- ୦ -

# ସପ୍ତଦଶ ଅଧ୍ୟାୟ

## ଶ୍ରଦ୍ଧାତ୍ରୟ ବିଭାଗ ଯୋଗ

ରାଗ - ଗଡ଼ମାଳିଆ

"ରାଧା ଧରି ସଖି କର, ବୋଲନ୍ତି ଆକଟ ଆଉ ନକର" ବୃତ୍ତେ

**ଅର୍ଜୁନ ଉବାଚ**

ଆହେ କୃଷ୍ଣ, ଯେଉଁ ଜନ,
ଶାସ୍ତ୍ରବିଧିକୁ ଉପେକ୍ଷା କରିଣ, ହେ କେଶବ
ଶ୍ରଦ୍ଧାରେ କରେ ଦେବପୂଜନ।
ସେହି ପ୍ରଚେଷ୍ଟା ତାଙ୍କର
ସତ୍ତ୍ୱ, ରଜ ଅବା ତମ ଶ୍ରେଣୀର, ହେ କେଶବ
କହ ସେହି ନିଷ୍ଠା କିପ୍ରକାର ? ॥ (୧)

**ଶ୍ରୀ ଭଗବାନ ଉବାଚ**

ସ୍ୱଭାବରୁ ଶ୍ରଦ୍ଧା ଜନ୍ମ,
ସାତ୍ତ୍ୱିକୀ ରାଜସୀ ତାମସୀ ଜାଣ, ହେ ଅର୍ଜୁନ
ଏହା ତିନି ପ୍ରକାରର ଶୁଣ ॥ (୨)

ଶ୍ରଦ୍ଧା ଯେ ସମସ୍ତଙ୍କର
ହୁଏ ନିଜ ସ୍ୱତ୍ୱ ଅନୁରୂପର, ହେ ଅର୍ଜୁନ
ଶ୍ରଦ୍ଧାବାନ ଯେପରି ଯେ ନର।
ଶ୍ରଦ୍ଧାମୟ ଏ ପୁରୁଷ
ଯେ ମନୁଷ୍ୟ ଯେପରି ଶ୍ରଦ୍ଧାଯୁକ୍ତ, ହେ ଅର୍ଜୁନ
ତା' ସ୍ୱରୂପ ବି ସେପରିତ ॥ (୩)

ଦେବତା ପୂଜେ ସାତ୍ତ୍ୱିକ
ରାଜସ ପୂଜଇ ଯକ୍ଷ ରାକ୍ଷସ, ହେ ଅର୍ଜୁନ
ଭୂତପ୍ରେତ ପୂଜଇ ତାମସ ॥ (୪)

ଶାସ୍ତ୍ରବିଧିହୀନ ଘୋର
ତପ କରନ୍ତି ଯେଉଁ ଦମ୍ଭୀନର, ହେ ଅର୍ଜୁନ
ରଖି କାମ ରାଗ ଅହଂକାର ॥ (୫)

ଶରୀରସ୍ଥ ପଞ୍ଚଭୂତେ
ଅନ୍ତଃକରଣେ ବିରାଜିତ ମୋତେ, ସେ ଅଜ୍ଞାନ
କ୍ଷୀଣ କରନ୍ତି ଆସୁରୀ ଯେତେ ॥ ହେ ଅର୍ଜୁନ ॥ (୬)

ସମସ୍ତଙ୍କର ଆହାର,
ଯଜ୍ଞ, ତପ, ଦାନ ତିନିପ୍ରକାର, ହେ ଅର୍ଜୁନ
ପ୍ରିୟ ଅଟେ ତା' ପ୍ରଭେଦ ଶୁଣ ॥ (୭)

ଆୟୁ, ସ୍ୱତ୍ୱ, ସ୍ନିଗ୍ଧ, ସୁଖ
ଆରୋଗ୍ୟ, ସ୍ଥିରତା, ବଳବର୍ଦ୍ଧକ, ହେ ଅର୍ଜୁନ
ରସାଳ ଖାଦ୍ୟ ପ୍ରିୟ ସାତ୍ତ୍ୱିକ ॥ (୮)

ଲବଣାକ୍ତ, ଉଷ୍ଣ, ଶୁଷ୍କ
ପିତା, ଖଟା, ରାଗ, ଦାହକାରକ, ହେ ଅର୍ଜୁନ
ଖାଦ୍ୟ ପ୍ରିୟ ଅଟେ ରାଜସିକ ॥ (୯)

ଉଚ୍ଛିଷ୍ଟ, ଦୁର୍ଗନ୍ଧମୟ
ବାସି, ପଚା, ରସହୀନ, ଅମେଧ୍ୟ, ହେ ଅର୍ଜୁନ
ଆହାର ଅଟେ ତାମସପ୍ରିୟ ॥ (୧୦)

ଯଜ୍ଞ କରିବା କର୍ତ୍ତବ୍ୟ
ମାନି ଫଳଇଚ୍ଛା ବିନା ମାନବ, ଶାସ୍ତ୍ରମତେ
କଲେ ତା' ହୁଏ ସାତ୍ତ୍ୱିକ ଯଜ୍ଞ ॥ ହେ ଅର୍ଜୁନ॥ (୧୧)

ମନେ ରଖି ଫଳକାମ
ଅବା ଦମ୍ଭେ ଯେଉଁ ଯଜ୍ଞ କରିଣ, ହେ ଅର୍ଜୁନ
ରାଜସ ଯଜ୍ଞ ବୋଲି ତା' ଜାଣ ॥ (୧୨)

ଶ୍ରଦ୍ଧାହୀନ, ମନ୍ତ୍ରହୀନ
ବିଧିହୀନ, ଅନ୍ନଦାନ ବିହୀନ, ହେ ଅର୍ଜୁନ
ତାମସ ଯଜ୍ଞ ଦକ୍ଷିଣାହୀନ ॥ (୧୩)

ଯେ' କର୍ମେ ପ୍ରାଜ୍ଞ ପୂଜନ
ଗୁରୁ, ଗୁରୁଜନ, ଦେବ, ବ୍ରାହ୍ମଣ, ହେ ଅର୍ଜୁନ
ହୋଇଥାଏ ସେହି ତପମାନ।
ଶୁଦ୍ଧ, ସରଳ ରହନ୍ତି
ବ୍ରହ୍ମଚର୍ଯ୍ୟ ଅହିଂସା ପାଳିଥାନ୍ତି, ହେ ଅର୍ଜୁନ
ତାକୁ ଦୈହିକ ତପ କହନ୍ତି ॥ (୧୪)

ଅନୁଦବେଗକର ବାକ୍ୟ
ସତ୍ୟ, ପ୍ରିୟ ଆଉ ହିତକାରକ, ହେ ଅର୍ଜୁନ
ସ୍ୱାଧ୍ୟାୟାଭ୍ୟାସ ତପ ବାଚିକ ॥ (୧୫)

ସୌମ୍ୟତା, ମନପ୍ରସନ୍ନ
ମନୋନିଗ୍ରହ, ଭାବଶୁଦ୍ଧି, ମୌନ, ହେ ଅର୍ଜୁନ
ଏହା ମାନସିକ ତପ ଜାଣ ॥ (୧୬)

ପରମ ଶ୍ରଦ୍ଧାରେ ଯୁକ୍ତ
ଫଳେଚ୍ଛା ଶୂନ୍ୟ ସେ ତ୍ରିବିଧ ତପ, ହେ ଅର୍ଜୁନ
ତାକୁ କହନ୍ତି ସାତ୍ତ୍ୱିକ ତପ ॥ (୧୭)

ଯେ ତପ ପୂଜା, ସତ୍କାର,
ସମ୍ମାନ ପାଇବା ଅର୍ଥେ ଆଚର, ହେ ଅର୍ଜୁନ
ଲୋକଦେଖାଣିଆ ଭାବେ କର।
ନାଶଶୀଳ, ଅନିଶ୍ଚିତ
ଫଳପ୍ରଦାୟକ ଇହଲୋକେତ, ହେ ଅର୍ଜୁନ
ତାକୁ କହନ୍ତି ରାଜସ ତପ ॥ (୧୮)

ତାମସ ତପଟି ତାହା
ଦୁରାଗ୍ରହେ ମୂଢ଼ କରନ୍ତି ଯାହା, ହେ ଅର୍ଜୁନ
ସର୍ବେ କଷ୍ଟ ଦେବା ଅର୍ଥେ ଆହା ॥ (୧୯)

ଅନୁପକାରୀଙ୍କୁ ଦାନ
ଉପଯୁକ୍ତ ସ୍ଥାନ, କାଳ, ପାତ୍ରେଣ, ହେ ଅର୍ଜୁନ
କଲେ କହନ୍ତି ସାତ୍ତ୍ୱିକ ଦାନ ॥ (୨୦)

ଯେଉଁ ଦାନ ଫଳପ୍ରାପ୍ତି
ପ୍ରତ୍ୟୁପକାରାର୍ଥେ କଷ୍ଟେ ଦିଅନ୍ତି, ହେ ଅର୍ଜୁନ
ତାକୁ ରାଜସ ଦାନ କହନ୍ତି ॥ (୨୧)

ଅବଜ୍ଞାରେ, ଅସତ୍କାରେ
ଯେ ଦାନ ଅଦେଶ, କାଳ, ପାତ୍ରରେ, ହେ ଅର୍ଜୁନ
ସେ ଦାନକୁ ଜାଣ ତାମସରେ ॥ (୨୨)

ଓଁ, ତତ୍, ସତ୍ ତିନି
ପ୍ରକାର ନାମରେ ବ୍ରହ୍ମଙ୍କୁ ପୁଣି, ହେ ଅର୍ଜୁନ
ସୂଚିତ କରାଯାଇଛି ଗଣି।

ସୃଷ୍ଟି ଆରମ୍ଭରେ ବେଦ
ବ୍ରାହ୍ମଣ ଯେ ଯଜ୍ଞ ଆଦି ସୃଜିତ, ହେ ଅର୍ଜୁନ
ସବୁ ତାଙ୍କଦ୍ୱାରା ହୋଇଛିତ ॥ (୨୩)

ତେଣୁ ଯଜ୍ଞ, ତପ, ଦାନ
ବେଦବାଦୀ ଶାସ୍ତ୍ରମତେ ପାଳନ, ହେ ଅର୍ଜୁନ
କରେ ଉଚ୍ଚାରି ଏ 'ଓଁ' ନାମ ॥ (୨୪)

ବ୍ରହ୍ମଙ୍କ 'ତତ୍' ନାମରେ
ଫଳେଚ୍ଛା ବିନା ମୋକ୍ଷକାମୀ ନରେ, ହେ ଅର୍ଜୁନ
ବହୁ ଯଜ୍ଞ, ତପ, ଦାନ କରେ ॥ (୨୫)

'ସତ୍' ବୋଲି ଯେଉଁନାମ
ପ୍ରତ୍ୟେକ ସତ୍ତାରେ ସେ ପ୍ରୟୋଜନ, ହେ ଅର୍ଜୁନ
ଶ୍ରେଷ୍ଠ ଭାବେ ପ୍ରୟୋଗ କରିଣ ।
'ସତ୍' ଶବ୍ଦ ବ୍ୟବହାର
ସମସ୍ତ ପ୍ରଶଂସନୀୟ କର୍ମର, ହେ ଅର୍ଜୁନ
ଯଥା ସତସଙ୍ଗ, ସଦାଚାର ॥ (୨୬)

ଯଜ୍ଞ, ତପ, ଦାନ ପ୍ରତି
ନିଷ୍ଠାକୁ ତ ସତ ବୋଲି କହନ୍ତି, ହେ ଅର୍ଜୁନ
ତଦର୍ଥ କର୍ମକୁ ବି ସତ୍ କହନ୍ତି ॥ (୨୭)

ଅଶ୍ରଦ୍ଧାରେ ଆଚରିତ
ହୋମ, ଦାନ, ତପ ସବୁ ଅସତ, ହେ ଅର୍ଜୁନ
ଇହ ପରଲୋକେ ନ ଫଳେତ ॥ (୨୮)

**'ଓଁ ତତ୍ସଦିତି ଶ୍ରୀମଦ୍‌ଭଗବତ୍ ଗୀତାସୂପନିଷତ୍ସୁ ବ୍ରହ୍ମବିଦ୍ୟାୟାଂ ଯୋଗଶାସ୍ତ୍ରେ ଶ୍ରୀକୃଷ୍ଣାର୍ଜୁନ ସମ୍ବାଦେ ଶ୍ରଦ୍ଧାତ୍ରୟ ବିଭାଗଯୋଗୋ ନାମ ସପ୍ତଦଶୋଽଧ୍ୟାୟଃ ॥ (୧୭)**

- ୦ -

# ଅଷ୍ଟାଦଶ ଅଧ୍ୟାୟ

## ମୋକ୍ଷ ସନ୍ନ୍ୟାସ ଯୋଗ

ରାଗ - କଳସା

"ରଘୁକୁଳ ରୀତି ସଦା ଚଲିଆୟି" ବୃତ୍ତେ

**ଅର୍ଜୁନ ଉବାଚ**

ଆହେ ମହାବାହୁ, ଆହେ ହୃଷୀକେଶ
ଆହେ କେଶୀ-ନିସୂଦନ ଜଗତର ଈଶ ।
ତ୍ୟାଗ ଆଉ ସନ୍ନ୍ୟାସର ସାରତତ୍ତ୍ୱ କଥା
ପୃଥକ ଭାବରେ ଜାଣିବାକୁ ମୋର ଇଚ୍ଛା ॥ (୧)

**ଶ୍ରୀ ଭଗବାନ ଉବାଚ**

**ରାଗ - କଳସା**

କାମ୍ୟକର୍ମ ତ୍ୟାଗକୁ କେ ସନ୍ନ୍ୟାସ ମାନନ୍ତି
କର୍ମର ଫଳ ତ୍ୟାଗକୁ ତ୍ୟାଗ କେ କହନ୍ତି।
ସମସ୍ତ କର୍ମକୁ ତେଜ ଦୋଷ ତ୍ୟାଗ ପରି
କେତେକ ବିଦ୍ୱାନ ମତ ଦିଅନ୍ତି ଏପରି।
ଭିନ୍ନ କହନ୍ତି ଯେ ଅନ୍ୟ କେତେକ ପଣ୍ଡିତ
ଯଜ୍ଞ, ଦାନ, ତପ, କର୍ମ ତ୍ୟାଗ ଅନୁଚିତ ॥ (୨-୩)

ତ୍ୟାଗ ବିଷୟରେ ମୋର ମତ ତୁମେ ଶୁଣ।
କୁହାଯାଏ ତ୍ୟାଗ ତିନି ପ୍ରକାର ଅର୍ଜୁନ ॥ (୪)

ଯଜ୍ଞ, ଦାନ, ତପ, କର୍ମ ତ୍ୟାଗ ଅନୁଚିତ
ବରଂ ସେହିସବୁ କର୍ମ କରିବା ଉଚିତ।
କାରଣ ଏସବୁ କର୍ମ କଲେ ଆଚରଣ
ପବିତ୍ର ହୁଅନ୍ତି ସଦା ଯେ ମନୀଷୀଗଣ ॥ (୫)

ଏସବୁ କର୍ମ ସହିତ ଅନ୍ୟ କର୍ମମାନ
କରିବା ଅଟେ ଉଚିତ ଆସକ୍ତି ତେଜିଣ।
ଫଳଇଚ୍ଛା ତେଜି କର୍ମ କରିବା ଉଚିତ
ଏହା ମୋର ସୁନିଶ୍ଚୟ ସର୍ବୋତ୍ତମ ମତ ॥ (୬)

ଯେଉଁ କର୍ମ ଅଟେ ଶାସ୍ତ୍ର ବିଧି ସମର୍ଥିତ
ସେ ନିୟତ କର୍ମ ତ୍ୟାଗ ନୁହଇ ଉଚିତ।
ନିୟତ କର୍ମ ତେଜିଲେ ହୋଇ ମୋହସଙ୍ଗ
ସେ ତ୍ୟାଗକୁ କୁହାଯାଏ ତାମସିକ ତ୍ୟାଗ ॥ (୭)

କର୍ମକୁ ଯେ ଦୁଃଖରୂପ ମାତ୍ର ମନେକରି
ଦୈହିକ କଷ୍ଟ ଭୟରେ ଯେବେ ତ୍ୟାଗକରି।
ସେ ତ୍ୟାଗର ଫଳ କେବେ ମଧ୍ୟ ସେ ନ ପାଏ
ସେ ତ୍ୟାଗ ଜାଣ ରାଜସ ତ୍ୟାଗ ଯେ ବୋଲାଏ ॥ (୮)

କର୍ତ୍ତବ୍ୟ କର୍ମ ପାଳନ ଅଟଇ ଯେ ଧର୍ମ
ଏହିପରି ବୁଝି ଯେଉଁ କରଣୀୟ କର୍ମ।
କରାଯାଏ ତେଜି ଫଳଇଚ୍ଛା ଯେ ଆସକ୍ତି
ତାହାକୁ ସାତ୍ତ୍ୱିକ ତ୍ୟାଗ ବୋଲିଣ ମାନନ୍ତି ॥ (୯)

ଅକୁଶଳ କର୍ମେ ଦ୍ୱେଷ ନ କରଇ ଯିଏ
କୁଶଳ କର୍ମରେ ମଧ୍ୟ ଆସକ୍ତ ନ ହୁଏ।
ଶୁଦ୍ଧ ସତ୍ତ୍ୱଗୁଣ ସମାବିଷ୍ଟ ସେହି ଯୋଗୀ
ଅଟେ ସଂଶୟ ରହିତ ଜ୍ଞାନବାନ ତ୍ୟାଗୀ ॥ (୧୦)

ଦେହଥାଉଁ ମନୁଷ୍ୟ ସକଳ କର୍ମ ତ୍ୟାଗ
କରିବା ତା' ପକ୍ଷେ କେଭେଁ ନୁହଁଇ ସମ୍ଭବ।
କର୍ମକରି କର୍ମଫଳ ତ୍ୟାଗକରେ ଯିଏ
ଅର୍ଜୁନ ତାହାକୁ ତ୍ୟାଗୀ ବୋଲି କୁହାଯାଏ ॥ (୧୧)

କର୍ମଫଳ ତ୍ୟାଗ କରି ନ ଥିବା ସେ ନରେ
ଇଷ୍ଟ, ଅନିଷ୍ଟ, ମିଶ୍ରିତ ଫଳ ଭୋଗ କରେ।
ଏ ତିନି ଫଳ ବି ପରଲୋକରେ ମିଳଇ
କର୍ମଫଳ ତ୍ୟାଗୀଙ୍କୁ ଏ କେଭେଁ ପ୍ରାପ୍ତ ନୋହି ॥ (୧୨)

କର୍ମ ଅନ୍ତକାରୀ ଯେଉଁ ସାଂଖ୍ୟ ସିଦ୍ଧାନ୍ତଟି
କର୍ମସିଦ୍ଧି ପାଇଁ ପଞ୍ଚ କାରଣ ଦର୍ଶାନ୍ତି।
ସେଗୁଡ଼ିକୁ ତୁମେ ଏବେ ମୋ ପାଖରୁ ବୁଝ
କର୍ମସିଦ୍ଧିରେ ପ୍ରମୁଖ ଯେ କାରଣ ପାଞ୍ଚ। (୧୩)

ଅଧିଷ୍ଠାନ, କର୍ତ୍ତା ଆଉ ବିବିଧ କରଣ
ପୃଥକ ପୃଥକ ଚେଷ୍ଟା, ଦୈବ ଯେ ପଞ୍ଚମ ॥ (୧୪)

କାୟ ମନୋବାକ୍ୟ ଦ୍ୱାରା ନର ଯାହାକିଛି
ଶାସ୍ତ୍ରବିଧି ବା ବିରୁଦ୍ଧ କର୍ମ ଆଚରନ୍ତି ।
ଏହି ପାଞ୍ଚଟି ତାହାର ଅଟଇ କାରଣ
ଏସବୁ ତତ୍ତ୍ୱକୁ ତୁମେ ଜାଣରେ ଅର୍ଜୁନ ॥ (୧୫)

ସେଥିରେ ଏ ପଞ୍ଚହେତୁ ଥିଲେ ମଧ୍ୟ ଯିଏ
କର୍ମରେ ଆତ୍ମାକୁ କର୍ତ୍ତାଭାବେ ଦେଖିଥାଏ ।
ସେ ଦୁର୍ମତି କଦାପି ଉଚିତ ନ ଦେଖଇ
କାରଣ ତାହାର ବୁଦ୍ଧି ଶୁଦ୍ଧ ହୋଇନାହିଁ ॥ (୧୬)

କର୍ମେ ଯା'ର ଅହଂକୃତ ଭାବଟି ନ ଥାଏ
ବୁଦ୍ଧି ଯା'ର କେଉଁଥିରେ ମଧ୍ୟ ଲିପ୍ତ ନୁହେଁ ।
ଏହି ସମସ୍ତ ପ୍ରାଣୀଙ୍କୁ ବଧି ମଧ୍ୟ ସେହି
ବଧେନାହିଁ କି ବନ୍ଧନେ ସେହି ପଡ଼େନାହିଁ ॥ (୧୭)

ଜ୍ଞାନ ଜ୍ଞେୟ ପରିଜ୍ଞାତା ଏ ତିନୋଟି ଦ୍ୱାରା
କର୍ମର ପ୍ରେରଣା ଅନୁଭବ ହୁଏ ପରା ।
ହୋଇଲେ ସଂଯୋଗ କର୍ତ୍ତା, କ୍ରିୟା ଯେ କରଣ
ଏ ତିନୋଟି ଦ୍ୱାରା କର୍ମ ହୁଅଇ ସମ୍ପୂର୍ଣ୍ଣ ॥ (୧୮)

ଗୁଣଭେଦେ ଜ୍ଞାନ, କର୍ମ, କର୍ତ୍ତା ସାଂଖ୍ୟଶାସ୍ତ୍ରେ
ତିନିପ୍ରକାର କଥିତ ଶୁଣ ତୁ ଯଥାର୍ଥେ ॥ (୧୯)

ଯେଉଁ ଜ୍ଞାନଦ୍ୱାରା ଭିନ୍ନ ଭିନ୍ନ ପ୍ରାଣୀଠାରେ
ଅବିନାଶୀକୁ ଦେଖଇ ଅଭିନ୍ନ ଭାବରେ ।
ଦେଖେ ବିଭାଗରହିତ ସେହି ଏକବ୍ରହ୍ମ
ସେ ଜ୍ଞାନକୁ ଅର୍ଜୁନ ସାତ୍ତ୍ୱିକ ବୋଲି ଜାଣ ॥ (୨୦)

କିନ୍ତୁ ଯେଉଁ ଜ୍ଞାନଦ୍ୱାରା ସବୁ ଭିନ୍ନ ଭିନ୍ନ
ପ୍ରାଣୀ ମଧ୍ୟେ ଭାବସତ୍ତା ଦେଖେ ଅସମାନ ।
ସମାନ ନ ଦେଖି ସର୍ବ ଦେଖିଲେ ପୃଥକ
ସେ ଜ୍ଞାନକୁ ଜାଣ ତୁମେ ଜ୍ଞାନ ରାଜସିକ ॥ (୨୧)

ଯାହାଦ୍ୱାରା ଏକମାତ୍ର କାର୍ଯ୍ୟ ଶରୀରରେ
ପୂର୍ଣ୍ଣ ଭଳି ଆସକ୍ତ ଯେ ରହିଥାନ୍ତି ନରେ ।
ତତ୍ତ୍ୱାର୍ଥରହିତ ତୁଚ୍ଛ, ଅହେତୁକ ଯାହା
କହନ୍ତି ଅର୍ଜୁନ ତାମସିକ ଜ୍ଞାନ ତାହା ॥ (୨୨)

ଯେ ନିୟତ କର୍ମ ଶାସ୍ତ୍ରବିଧି ସମର୍ଥିତ
ଫଳଇଚ୍ଛା ଶୂନ୍ୟ ଜନଦ୍ୱାରା ଯାହା କୃତ ।
ରାଗଦ୍ୱେଷ ବିନା ତେଜି କର୍ତ୍ତୃତ୍ୱାଭିମାନ
କଲେ ତାକୁ କୁହାଯାଏ ଯେ ସାତ୍ତ୍ୱିକ କର୍ମ ॥ (୨୩)

ଅହଂକାର ସହ ଭୋଗଇଚ୍ଛାରେ ସଶ୍ରମ
ଯାହା କରାଯାଏ ତାହା ରାଜସିକ କର୍ମ ॥ (୨୪)

ନ ଦେଖି ସାମର୍ଥ୍ୟ, ହିଂସା, ପରିଣାମ, କ୍ଷତି
ମୋହବଶେ କଲେ କର୍ମ ତାମସ କହନ୍ତି ॥ (୨୫)

ଯେଉଁ କର୍ତ୍ତା ଅନାସକ୍ତ ଅଭିମାନଶୂନ୍ୟ
ଧୈର୍ଯ୍ୟଶୀଳ, ସଦା ସିଦ୍ଧି ଅସିଦ୍ଧିରେ ସମ ।
ସେ କର୍ତ୍ତା ସର୍ବଦା ଉତ୍ସାହରେ ପରିପୂର୍ଣ୍ଣ
ତାହାଙ୍କୁ ସାତ୍ତ୍ୱିକ କର୍ତ୍ତା କହନ୍ତି ଅର୍ଜୁନ ॥ (୨୬)

ଯେଉଁ କର୍ତ୍ତା କର୍ମଫଳାକାଂକ୍ଷୀ, ଅନୁରାଗୀ
ହିଂସା ପରାୟଣ, ହର୍ଷଶୋକଯୁକ୍ତ, ଲୋଭୀ
ଅଶୁଦ୍ଧ କର୍ମରେ ସଦା ହୁଅନ୍ତି ପ୍ରବୃତ୍ତ
ଅର୍ଜ୍ଜୁନ ସେ କର୍ତ୍ତା ରାଜସିକ ଯେ କଥିତ ॥ (୨୭)

ଯେଉଁ କର୍ତ୍ତା ଅକୃତଜ୍ଞ, ବିଷାଦୀ, ଅଯୁକ୍ତ
ଅବିନୟୀ, ଅଳସୁଆ ଧୂର୍ତ୍ତ ଅଶିକ୍ଷିତ ।
ଜିଦିଖୋର, ଦୀର୍ଘସୂତ୍ରୀ ଯେ ନରେ ଅଟନ୍ତି
ସେ କର୍ତ୍ତାଙ୍କୁ ତାମସିକ କର୍ତ୍ତା କହିଥାନ୍ତି ॥ (୨୮)

ବୁଦ୍ଧି ଓ ଧୃତିର ତିନି ପ୍ରଭେଦ ବିଷୟ
ଗୁଣ ଭେଦରେ କହୁଛି ଶୁଣ ଧନଞ୍ଜୟ ॥ (୨୯)

ଯେଉଁ ବୁଦ୍ଧି ପ୍ରବୃତ୍ତିକୁ ଆଉ ନିବୃତ୍ତିକୁ
କର୍ତ୍ତବ୍ୟ ଅକର୍ତ୍ତବ୍ୟ ଯେ ଭୟ, ଅଭୟକୁ
ବନ୍ଧନ ମୋକ୍ଷକୁ ଜାଣିପାରେ ଯଥାବିଧି
ଜାଣିଥା ଅର୍ଜ୍ଜୁନ ନିଶ୍ଚେ ସେ ସାତ୍ତ୍ୱିକୀ ବୁଦ୍ଧି ॥ (୩୦)

ଯେଉଁ ବୁଦ୍ଧି ଦ୍ୱାରା ଧର୍ମ ଅଧର୍ମକୁ ଜନେ
କର୍ତ୍ତବ୍ୟ ଅକର୍ତ୍ତବ୍ୟର ପାର୍ଥକ୍ୟ ନ ଜାଣେ ।
ସଠିକ ଭାବେ ସେ ଜାଣି ନ ପାରଇ କିଛି
ହେ ପାର୍ଥ ଅଟଇ ସେହି ବୁଦ୍ଧି ଯେ ରାଜସୀ ॥ (୩୧)

ଯେଉଁ ବୁଦ୍ଧି ତମୋଗୁଣ ଦ୍ୱାରା ଆଚ୍ଛାଦିତ
ସବୁକିଛି ଦେଖିଥାଏ ସଦା ବିପରୀତ ।
ଅଧର୍ମକୁ ଧର୍ମବୋଲି ମନେକରେ ସିଏ
ତାହାକୁ ତାମସ ବୁଦ୍ଧି ବୋଲି କୁହାଯାଏ ॥ (୩୨)

ଅବ୍ୟଭିଚାରିଣୀ ଧୃତି ଯେ ସମତା ଯୁକ୍ତ
ଇନ୍ଦ୍ରିୟ, ପ୍ରାଣ, ମନର କ୍ରିୟାକୁ ହେ ପାର୍ଥ ।
ଧାରଣ କରେ ସେ ପରମାତ୍ମା-ମୁଖୀ ଧୃତି
ଅର୍ଜୁନ, ସାତ୍ତ୍ୱିକୀ ଧୃତି ତାହାକୁ ବୋଲନ୍ତି ॥ (୩୩)

ଫଳେଚ୍ଛୁ ଯେ ଧୃତିଦ୍ୱାରା ଧର୍ମ, କାମ, ଅର୍ଥ
ଆସକ୍ତଭାବେ ଧରଇ ସେ ରାଜସୀ ପାର୍ଥ ॥ (୩୪)

ଦୁର୍ମତି ଯା' ଦ୍ୱାରା ନିଦ୍ରା, ଚିନ୍ତା, ଭୟ, ଦୁଃଖ
ଅହମିକା ନ ତେଜଇ ସେ ଧୃତି ତାମସ ॥ (୩୫)

ତ୍ରିବିଧ ସୁଖ ବିଷୟ ଏବେ ତୁମେ ଶୁଣ
ଅଭ୍ୟାସ ଦ୍ୱାରା ଯହିଁରେ ହୁଅଇ ରମଣ ।
ଯାହା ଲଭି ଅନ୍ତ ହୋଇଯାଏ ସବୁଦୁଃଖ
ଆତ୍ମବୁଦ୍ଧି ପ୍ରସାଦରୁ ଉତ୍ପନ୍ନ ସେ ସୁଖ ।
ଅଗ୍ରେ ବିଷତୁଲ୍ୟ ପରିଣାମରେ ଅମୃତ
ତାହାକୁ ସାତ୍ତ୍ୱିକ ସୁଖ କୁହାଯାଏ ପାର୍ଥ ॥ (୩୬-୩୭)

ଇନ୍ଦ୍ରିୟ ବିଷୟ ଯୋଗେ ଯେଉଁ ସୁଖ ଜାତ
ପ୍ରଥମେ ଅମୃତତୁଲ୍ୟ ହୁଅଇ ପ୍ରତୀତ ।
ପରିଣାମେ ବିଷପ୍ରାୟ ଯାହା ଜଣାଯାଏ
ହେ ପାର୍ଥ ରାଜସ ସୁଖ ତାକୁ କୁହାଯାଏ ॥ (୩୮)

ଯେ ସୁଖ ନିଦ୍ରା, ଆଳସ୍ୟ, ପ୍ରମାଦରୁ ଜନ୍ମ
ଆତ୍ମକୁ ରଖଇ ସଦା କରି ମୋହାଛନ୍ନ।
ଆରମ୍ଭରେ ଦୁଃଖ ଆଉ ପରିଣାମେ ଦୁଃଖ
ତାହାକୁ କହନ୍ତି ପାର୍ଥ ତାମସିକ ସୁଖ ॥ (୩୯)

ପୃଥିବୀରେ, ସ୍ୱର୍ଗରେ ବା ଦେବଗଣ ଠାରେ
ଏହା ବ୍ୟତୀତ ବା ଅନ୍ୟ ଆଉ କେଉଁଠାରେ।
ଏପରି କୌଣସି କିଛି ନାହିଁ ଅନ୍ୟ ସତ୍ତ୍ୱ
ପ୍ରକୃତିରୁ ଜାତ ମାତ୍ର ତ୍ରିଗୁଣରୁ ମୁକ୍ତ ॥ (୪୦)

ଶୂଦ୍ର, ବୈଶ୍ୟ, କ୍ଷାତ୍ର, ବ୍ରାହ୍ମଣ ସ୍ୱଭାବୁଁ ଜାତ
ତିନିଗୁଣ ଦ୍ୱାରା କର୍ମ ହୋଇଛି ବିଭକ୍ତ ॥ (୪୧)

ମନୋନିଗ୍ରହ, ଇନ୍ଦ୍ରିୟ ଦମନ, ଶଉଚ
କ୍ଷମା, ତପ, ସରଳତା, ଯେ ଆସ୍ତିକ ଭାବ।
ବେଦଶାସ୍ତ୍ର ଜ୍ଞାନ, ଯଜ୍ଞ ବିଜ୍ଞାନ ପାଳନ
ଏ ସକଳ ବ୍ରାହ୍ମଣର ସ୍ୱଭାବଜ କର୍ମ ॥ (୪୨)

ଶୂରବୀର ଗୁଣ, ତେଜୋଦୀପ୍ତ ଭାବ ବହି
ଯୁଦ୍ଧେ ଆଗଭର କେଭେଁ ପଛଘୁଞ୍ଚା ନୋହି।
ଦାନ, ଧୈର୍ଯ୍ୟ, ପ୍ରଜା ଅନୁଶାସନ, ପାଳନ
ଏ ଗୁଡିକ କ୍ଷତ୍ରିୟର ସ୍ୱଭାବଜ କର୍ମ ॥ (୪୩)

କୃଷିକାର୍ଯ୍ୟ, ଗୋପାଳନ, ବାଣିଜ୍ୟକରଣ
ବୈଶ୍ୟମାନଙ୍କର ଅଟେ ସ୍ୱଭାବଜ କର୍ମ।
ପରିଚର୍ଯ୍ୟା ଆଉ ସେବାଆଦି କାର୍ଯ୍ୟମାନ
ଶୁଦ୍ରର ଅଟଇ ଏହା ସ୍ୱଭାବଜ କର୍ମ ॥ (୪୪)

ନିଜ ନିଜ କର୍ମେ ଭଲଭାବେ ହୋଇ ରତ
ମନୁଷ୍ୟ ସମ୍ୟକ ସିଦ୍ଧି ହୋଇଥାଏ ପ୍ରାପ୍ତ।
ନିରନ୍ତର ଜନେ କରି ନିଜ ନିଜ କର୍ମ
ଯେପରି ଲଭଇ ସିଦ୍ଧି ତାହା ତୁମେ ଶୁଣ ॥ (୪୫)

ଯାହାଠାରୁ ସର୍ବପ୍ରାଣୀ ହୋଇଣ ପ୍ରବୃତ୍ତ
ଯାହାଦ୍ୱାରା ଏ ସମଗ୍ର ସଂସାର ଯେ ବ୍ୟାପ୍ତ।
ସେହି ସର୍ବବ୍ୟାପୀ ପରମାତ୍ମାଙ୍କୁ ମାନବେ
ନିଜ ନିଜ କର୍ମଦ୍ୱାରା ପୂଜି ସିଦ୍ଧି ଲଭେ ॥ (୪୬)

ହେଲେ ହୋଇଥାଉ ଯେତେ ଭଲ ପରଧର୍ମ
ଗୁଣହୀନ ହେଉ ଶ୍ରେଷ୍ଠ ଅଟଇ ସ୍ୱଧର୍ମ।
ସ୍ୱଭାବ-ନିୟତ କର୍ମେ ସ୍ୱଧର୍ମ ଆଚରି
ହୁଅଇ ନାହିଁ ମନୁଷ୍ୟ କେଭେଁ ପାପାଚାରୀ ॥ (୪୭)

ଅଗ୍ନି ଯେହ୍ନେ ଧୂଆଁଦ୍ୱାରା ହୋଇଛି ଆବୃତ
ସର୍ବକର୍ମ ତେହ୍ନେ ନିଶ୍ଚେ କିଛି ଦୋଷଯୁକ୍ତ।
ସହଜ-କର୍ମଟି ହେଉ ଯେତେ ଦୋଷଯୁକ୍ତ
ଧୂଆଁ ଯୋଗୁଁ ଅଗ୍ନି ତ୍ୟାଗ ଭଳି ଅନୁଚିତ ॥ (୪୮)

ମନ ଇନ୍ଦ୍ରିୟକୁ ଯେ କରିଛି ବଶୀଭୂତ
ସର୍ବତ୍ର ଯାହାର ବୁଦ୍ଧି ଆସକ୍ତି ରହିତ।
ସେ ସ୍ପୃହାରହିତ ନର ସାଂଖ୍ୟଯୋଗ ଦ୍ୱାରା
ପରମ ନୈଷ୍କର୍ମ୍ୟ ସିଦ୍ଧି ପ୍ରାପ୍ତି ହୁଏ ପରା ॥ (୪୯)

ସଂକ୍ଷେପେ ବୁଝ ସେ ସିଦ୍ଧିପ୍ରାପ୍ତ ଯେଉଁଭାବେ
ଜ୍ଞାନ ପରାନିଷ୍ଠା ବ୍ରହ୍ମ ଯେପରି ସେ ଲଭେ ॥ (୫୦)

ବୈରାଗ୍ୟ ଆଶ୍ରିତ ଯେ ବିଶୁଦ୍ଧ ବୁଦ୍ଧିଯୁକ୍ତ
ଏକାନ୍ତବାସୀ ଯେ ନିୟମିତ ସ୍ୱଳ୍ପଭୁକ୍ତ ।
ଅନ୍ତଃକରଣକୁ ଧୃତିଦ୍ୱାରା ବଶକରି
କାୟ ମନୋ ବଚନକୁ ସଂଯମିତ କରି ।
ଶବ୍ଦାଦି ପଞ୍ଚତନ୍ମାତ୍ରା ବିଷୟକୁ ତେଜି
ନିତ୍ୟ ଧ୍ୟାନଯୋଗୀ ରାଗ ଦ୍ୱେଷକୁ ବରଜି ॥ (୫୧-୫୨)

ତେଜି ଅହଂକାର ବଳ ଦର୍ପ କାମ କ୍ରୋଧ
ପ୍ରଶାନ୍ତ ନିର୍ମମ ହୁଏ ବ୍ରହ୍ମେ ଏକୀଭୂତ ॥ (୫୩)

ବ୍ରହ୍ମରୂପ ହୋଇଥିବା ସେ ପ୍ରସନ୍ନମନା
ଶୋକ କରେନାହିଁ ଅବା ଇଚ୍ଛା ବି କରେନା ।
ସମଭାବ ରଖେ ସେହି ସର୍ବପ୍ରାଣୀଠାରେ
ସେ ସାଧକ ମୋର ପରା-ଭକ୍ତି ଲାଭକରେ ॥ (୫୪)

ପରା-ଭକ୍ତି ଦ୍ୱାରା ମୁହିଁ ସ୍ୱରୂପତଃ ଯାହା
ଉତ୍ତମ ଭାବେ ତତ୍ତ୍ୱତଃ ଜାଣିଯାଏ ତାହା ।
ଏହାଜାଣି ମୋ ଆଶ୍ରିତ ଅଚିରେ ମୋ'ଠାରେ
ପ୍ରବେଶ ହୁଅଇ ସେହି ମୋହର କୃପାରେ ।
ସେହି ସର୍ବଦା ସକଳ କର୍ମକରି ମଧ୍ୟ
ଲଭେ ପରମ ଶାଶ୍ୱତ ଅବିନାଶୀ ପଦ ॥ (୫୫-୫୬)

ଚିତ୍ତରେ ସମଗ୍ର କର୍ମ ମୋତେ ଅରପଣ
କରି ହୋଇଯାଅ ସଦା ମୋର ପରାୟଣ ।
ନିରନ୍ତର ସମତାରେ ହୋଇ ତୁ ଆଶ୍ରିତ
ହୋଇ ରହିଥାଅ ସଦା ମଦଗତ ଚିତ୍ତ ॥ (୫୭)

ତୁମେ ମୋ କୃପାରୁ ହୋଇ ମଦଗତ ଚିତ୍ତ
ସର୍ବ ଦୁର୍ଗତିରୁ ହୋଇଯିବ ଅତିକ୍ରାନ୍ତ ।
ଅହଂକାର ବଶେ ଯଦି ମୋ କଥା ନ ଶୁଣ
ନିଶ୍ଚୟ ହୋଇବ ଜାଣ ତୁମର ପତନ ॥ (୫୮)

ଅହଂକାର ଆଶ୍ରୟରେ ମନସ୍ଥ କରିଛ
ଯୁଦ୍ଧ ନ କରିବ, ଏ ନିର୍ଣ୍ଣୟ ତୁମ ମିଛ ।
କାରଣ ଏହି କ୍ଷତ୍ରିୟ ପ୍ରକୃତି ତୁମର
ନିୟୋଜିତ କରିଦେବ ତୁମକୁ ଯୁଦ୍ଧର ॥ (୫୯)

ନିଜ ସ୍ୱଭାବଜନିତ କର୍ମରେ ଆବଦ୍ଧ
ହୋଇ ମୋହବଶେ ଚାହୁଁନାହଁ ଯେଉଁ ଯୁଦ୍ଧ ।
ହେ କୁନ୍ତୀନନ୍ଦନ ତାହା ତୁମେହିଁ କରିବ
କ୍ଷତ୍ରିୟ ସ୍ୱଭାବ ବଶ ହୋଇହିଁ ଯୁଝିବ ॥ (୬୦)

ଈଶ୍ୱର ପ୍ରାଣୀଙ୍କ ହୃଦେ ହୋଇ ବିରାଜିତ
ନିଜ ମାୟାରେ ଶରୀର ଯନ୍ତ୍ରେ ଆରୋହିତ ।
ପ୍ରାଣୀଙ୍କୁ ନିଜର କର୍ମାନୁସାରେ ଭ୍ରମଣ
କରାଇ ଆସୁଅଛନ୍ତି ଜାଣହେ ଅର୍ଜୁନ ॥ (୬୧)

ତୁମେ ସର୍ବଭାବେ ଆହେ ଭାରତ ଅର୍ଜୁନ
ସେହି ଈଶ୍ୱରଙ୍କ ପାଦେ ଯାଅହେ ଶରଣ ।
ତାଙ୍କ କୃପାବଳେ ତୁମକୁ ପରମ ଶାନ୍ତି
ସନାତନ ଯେ ପରମ ଧାମ ହେବ ପ୍ରାପ୍ତି ॥ (୬୨)

ଗୋପନୁ ଗୋପନତର ଏ ଜ୍ଞାନ ତୁମକୁ
କହିଲି ମୁଁ ଏବେ ତୁମେ ବିଚାରି ଏହାକୁ ।
ଭଲଭାବେ ଚିନ୍ତାକରି ଯାହା ଇଚ୍ଛା ତୋର
ମନକୁ ଆସୁଛି ପାର୍ଥ ସେହିପରି କର ॥ (୬୩)

ଅତ୍ୟନ୍ତ ଗୋପନୀୟ ଏ ପରମ ବଚନ
ତୁମେ ଏ କ୍ଷଣି ମୋ'ଠାରୁ ପୁନର୍ବାର ଶୁଣ।
ତୁମେ ମୋର ଅତିପ୍ରିୟ ମିତ୍ର ଅଟ ଯେଣୁ
ତୁମର ଯେ ହିତକଥା କହିବି ମୁଁ ତେଣୁ ॥ (୬୪)

ମୋର ଭକ୍ତ ହୁଅ ମୋ'ଠି ମନ କର ସ୍ଥିର
ମୋ ପୂଜକ ହୁଅ ମୋତେ କର ନମସ୍କାର।
ତୁମେ ଅତିପ୍ରିୟ ଯେଣୁ ମୋ ପ୍ରତିଜ୍ଞା ସତ୍ୟ
ଏପରି କଲେହିଁ ମୋତେ ତୁମେ ହେବ ପ୍ରାପ୍ତ ॥ (୬୫)

ସର୍ବଧର୍ମ ତେଜି ତୁମେ କେବଳ ମୋହର
ଶରଣକୁ ଆସିଯାଅ ସମ୍ପୂର୍ଣ୍ଣ ଭାବର।
ମୁଁ ତୁମକୁ ସମସ୍ତ ପାପରୁ କରି ମୁକ୍ତ
ମୋକ୍ଷ ପ୍ରଦାନ କରିବି କରନାହିଁ ଦୁଃଖ ॥ (୬୬)

ଏହି ଅତ୍ୟନ୍ତ ଗୋପନ ପରମ ବଚନ
ଅତପସ୍ୱୀ, ଅଭକ୍ତେ ନ କୁହ କଦାଚନ।
ଶ୍ରବଣ ଅନିଚ୍ଛୁ, ମୋ ପ୍ରତି ଯା' ଦ୍ୱେଷଭାବ
ଅସୂୟାଭାବ ଯା' ତାକୁ ମଧ୍ୟ ନ କହିବ ॥ (୬୭)

ଏ ପରମ ଗୁହ୍ୟ ରହସ୍ୟ ମୋ ଭକ୍ତ ଆଗେ
ମୋତେ ପରାଭକ୍ତି କରି ଯେ' କହେ ଆବେଗେ।
ନିଃସନ୍ଦେହେ ସେ ହିଁ ମୋତେ ହୋଇବ ପ୍ରାପତ
ମନୁଷ୍ୟ ମଧ୍ୟେ ତା'ପରି ମୋର ପ୍ରିୟକୃତ
କେହି ମଧ୍ୟ ତା' ସମାନ ଭୂମଣ୍ଡଳେ ନାହିଁ
ମୋର ପ୍ରିୟତର ଅନ୍ୟ କେହି ହେବେନାହିଁ ॥ (୬୮-୬୯)

ଆମ୍ଭ ଦୁହିଁଙ୍କର ଏହି ଧର୍ମମୟ ଗାଥା
ଯେଉଁ ଜନେ ଅଧ୍ୟୟନ କରିବେ ସର୍ବଥା ।
ତା' ଦ୍ୱାରା ମୁଁ ଜ୍ଞାନଯଜ୍ଞେ ହୋଇବି ପୂଜିତ
ଅନ୍ୟଥା ନୋହିବ କେବେ ମୋର ଏହି ମତ ॥ (୭୦)

ଯେଉଁ ନର ଶ୍ରଦ୍ଧାବାନ, ଅନସୂୟ ହୋଇ
କେବଳ ମାତ୍ର ଏହାକୁ ଶ୍ରବଣ କରଇ ।
ଯେଉଁ ଶୁଭଲୋକ ପାଇଥାନ୍ତି ପୁଣ୍ୟବନ୍ତ
ପାପମୁକ୍ତ ହୋଇ ସେହି ଲୋକ ହୁଏ ପ୍ରାପ୍ତ ॥ (୭୧)

ଏକାଗ୍ର ଚିତ୍ତରେ ପାର୍ଥ ଏହା ଶୁଣିଲତ ?
ଅଜ୍ଞାନ, ସଂଶୟ, ମୋହ ତୁମେ ନାଶିଲତ ? (୭୨)

**ଅର୍ଜୁନ ଉବାଚ**

**("ରଘୁକୁଳ ରୀତି ସଦା ଚଲିଆୟି" ବୃତ୍ତେ)**

ତୁମର କୃପାରୁ ମୋର ମୋହ ହେ ଅଚ୍ୟୁତ
ନଷ୍ଟ ହୋଇଗଲା ମୁହିଁ ହେଲି ସ୍ମୃତିପ୍ରାପ୍ତ ।
ସନ୍ଦେହ ରହିତ ହୋଇ ମୁଁ ଦଣ୍ଡାୟମାନ
ତୁମର ଆଦେଶ ଏବେ କରିବି ପାଳନ ॥ (୭୩)

**ସଞ୍ଜୟ ଉବାଚ**

ଏ ପ୍ରକାରେ ବାସୁଦେବ ମହାତ୍ମା ପାର୍ଥର
ଶୁଣିଲି ସଂବାଦ ଅଦ୍ଭୁତ, ରୋମାଞ୍ଚକର ॥ ୭୪
ବ୍ୟାସଙ୍କ କୃପାରୁ ମୁହିଁ ଯେ ଏହି ପରମ
ଗୋପନୀୟ ଯୋଗଜ୍ଞାନ କରିଲି ଶ୍ରବଣ ।
ସ୍ୱୟଂ ଯୋଗେଶ୍ୱର କୃଷ୍ଣ ମୁଖରୁ ପ୍ରତ୍ୟକ୍ଷ
କହୁଥିବାର ଶୁଣିଲି ଏ ଯୋଗ ସାକ୍ଷାତ ॥ (୭୫)

ହେ ରାଜା ଏହି ସଂବାଦ, ପବିତ୍ର, ଅଦ୍ଭୁତ
ଶ୍ରୀକୃଷ୍ଣ ଅର୍ଜୁନ ମଧ୍ୟେ ଏ କଲ୍ୟାଣଯୁକ୍ତ ।
ସଂବାଦକୁ ବାରମ୍ବାର କରି ମୁଁ ସ୍ମରଣ
ମୁହୁର୍ମୁହୁ ହରଷିତ ହେଉଅଛି ଜାଣ ॥ (୭୬)

ହେ ରାଜନ, ମୁହିଁ ଏବେ ହରିଙ୍କର ସେହି
ବିରାଟ ଅଦ୍ଭୁତ ରୂପ ସ୍ମରଣ କରଇ ।
ଅତିଶୟ ଆଶ୍ଚର୍ଯ୍ୟ ଯେ ମୋତେ ଲାଗୁଅଛି
ବାରମ୍ବାର ସ୍ମରି ମୁହିଁ ହର୍ଷିତ ହେଉଛି । (୭୭)

ଯେଉଁଠାରେ ଛନ୍ତି ଯୋଗେଶ୍ୱର ଭଗବାନ
ଯେଉଁଠି ଅଛନ୍ତି ଧନୁର୍ଦ୍ଧର ସେ ଅର୍ଜୁନ ।
ସେଠାରେ ଶ୍ରୀ, ବିଜୟ, ବିଭୂତି ଅଛି ସ୍ଥିତ
ଅଚଳ ନୀତି ରହିଛି ଏହା ମୋର ମତ ॥ (୭୮)

**ଓଁ ତତ୍ସଦିତି ଶ୍ରୀମଦ୍ଭଗବତ୍ ଗୀତାସୂପନିଷତ୍ସୁ ବ୍ରହ୍ମବିଦ୍ୟାୟାଂ ଯୋଗଶାସ୍ତ୍ରେ**
**ଶ୍ରୀକୃଷ୍ଣାର୍ଜୁନ ସମ୍ବାଦେ ମୋକ୍ଷ ସନ୍ନ୍ୟାସ ଯୋଗୋ ନାମ ଅଷ୍ଟାଦଶୋଧ୍ୟାୟଃ ॥ (୧୮)**

- O -

**'ହରି ଓଁ ତତ୍ସତ୍'**

# ଗୀତା ଆରତୀ

ଓଁ ଜୟ ଭଗବତ୍ ଗୀତେ ଜୟ ଭଗବତ୍ ଗୀତେ
ହରି ହିୟ କମଲ ବିହାରିଣୀ ସୁନ୍ଦର ସୁପୂନୀତେ ॥ (୧) ଜୟ...

କର୍ମ ସୁମର୍ମ ପ୍ରାକାଶିନୀ କାମାସକ୍ତି ହରା
ତତ୍ତ୍ୱଜ୍ଞାନ ବିକାଶିନୀ ବିଦ୍ୟା ବ୍ରହ୍ମ ପରା ॥ (୨) ଜୟ...

ନିଶ୍ଚଲ ଭକ୍ତି ବିଧାୟିନୀ ନିର୍ମଲ ମଳହାରୀ
ଶରଣ ରହସ୍ୟ ପ୍ରଦାୟିନୀ ସବବିଧ୍ି ସୁଖକାରୀ ॥ (୩) ଜୟ...

ରାଗ ଦ୍ୱେଷ ବିଦାରିଣୀ କାରିଣୀ ମୋଦ ସଦା
ଭବଭୟ ହାରିଣୀ ତାରିଣୀ ପରମାନନ୍ଦ ପ୍ରଦା ॥ (୪) ଜୟ...

ଆସୁର ଭାବ ବିନାଶିନୀ ନାଶିନୀ ତମ ରଜନୀ
ଦୈବୀ ସଦଗୁଣ ଦାୟିନୀ ହରି ରସିକା ସଜନୀ ॥ (୫) ଜୟ...

ସମତା ତ୍ୟାଗ ଶିଖାଓ୍ୱନୀ ହରି ମୁଖକି ବାଣୀ
ସକଲ ଶାସ୍ତ୍ରକି ସ୍ୱାମିନୀ ଶ୍ରୁତିୟୋଁକି ରାନୀ ॥ (୬) ଜୟ...

ଦୟା-ସୁଧା ବରଷାଓ୍ୱନୀ ମାତୁ କୃପା କିଜୈ
ହରିପଦ ପ୍ରେମ ଦାନକର ଅପନୋ କରଲିଜୈ ॥ (୭) ଜୟ...

- ୦ -

# କ୍ଷମା ପ୍ରାର୍ଥନା

ଭୀମସ୍ୟାପି ରଣେଭଙ୍ଗ ମୁନିନାଞ୍ଚ ମତିଭ୍ରମ
ଯଦି ଶୁଦ୍ଧମଶୁଦ୍ଧବା ମମ ଦୋଷ ନବିଂଦ୍ୟତେ ॥

କାୟେନ ବାଚା ମନସୈନ୍ଦ୍ରିୟୈବା ବୁଦ୍ଧ୍ୟାତ୍ମନା ବା ପ୍ରକୃତି ସ୍ୱଭାବାତ୍
କରୋମି ଯତ୍ ଯତ୍ ସକଳଂପରସ୍ମୈ ଶ୍ରୀମନ୍ନାରାୟଣାୟୈତି ସମର୍ପୟାମି ॥

# ଶାନ୍ତିପାଠ

**ଓଁ** ସର୍ବେଷାଂ ସ୍ୱସ୍ତିର୍ଭବନ୍ତୁ ସର୍ବେଷାଂ ଶାନ୍ତିର୍ଭବନ୍ତୁ
ସର୍ବେଷାଂ ମଙ୍ଗଲମ୍ ଭବନ୍ତୁ ସର୍ବେଷାଂ ପୂର୍ଣ୍ଣଂ ଭବନ୍ତୁ ॥
ସର୍ବେ ଭବନ୍ତୁ ସୁଖିନଃ ସର୍ବେସନ୍ତୁ ନିରାମୟା
ସର୍ବେ ଭଦ୍ରାଣି ପଶ୍ୟନ୍ତୁ ମା କଶ୍ଚିତ୍ ଦୁଃଖଭାକ୍ ଭବେତ୍ ॥

**॥ ଓଁ ଶାନ୍ତିଃ ଶାନ୍ତିଃ ଶାନ୍ତିଃ ॥**

**ଓଁ** ଦ୍ୟୌ ଶାନ୍ତିଃ
ଅନ୍ତରୀକ୍ଷଂ ଶାନ୍ତିଃ
ପୃଥିବୀ ଶାନ୍ତିଃ
ଆପଃ ଶାନ୍ତିଃ
ଔଷଧୟ ଶାନ୍ତିଃ
ବନସ୍ପତୟ ଶାନ୍ତିଃ
ବିଶ୍ୱଦେବାଃ ଶାନ୍ତିଃ
ବ୍ରହ୍ମ ଶାନ୍ତିଃ
ସର୍ବ ଶାନ୍ତିଃ
ଶାନ୍ତିରେବ ଶାନ୍ତିଃ
ସାମା ଶାନ୍ତିରେଧି ।
**॥ ଓଁ ଶାନ୍ତିଃ ଶାନ୍ତିଃ ଶାନ୍ତିଃ ଓଁ ॥**

- ୦ -

# ସପ୍ତଶ୍ଲୋକୀ ଗୀତା

୧. ଓମିତ୍ୟକାକ୍ଷରଂ ବ୍ରହ୍ମ ବ୍ୟାହରନ୍ ମାମନୁସ୍ମରନ୍
ଯଃ ପ୍ରୟାତି ତ୍ୟଜନ୍ ଦେହଂ ସଯାତି ପରମାଗତି ॥ (୮/୧୩)

୨. ସ୍ଥାନେ ହୃଷିକେଶ ତବ ପ୍ରକୀର୍ତ୍ତ୍ୟା
ଜଗତ୍ ପ୍ରହୃଷ୍ୟତ୍ୟନୁରଜ୍ୟତେ ଚ
ରକ୍ଷାଂସି ଭୀତାନି ଦିଶୋଦ୍ରବନ୍ତି
ସର୍ବେ ନମସ୍ୟନ୍ତି ଚ ସିଦ୍ଧସଂଘା ॥ (୧୧/୩୬)

୩. ସର୍ବତ ପାଣିପାଦଂ ତତ୍ ସର୍ବୋତକ୍ଷିଶିରୋମୁଖମ୍
ସର୍ବତଃ ଶ୍ରୁତିମଲ୍ଲୋକେ ସର୍ବମାବୃତ୍ୟ ତିଷ୍ଠତି ॥ (୧୩/୧୩)

୪. କବିଂପୁରାଣମନୁଶାସିତାରମ୍
ଅଣୋରଣୀୟାନ୍ ସମନୁସ୍ମରେଦ୍ ଯଃ
ସର୍ବସ୍ୟଧାତାରମ୍ ଅଚିନ୍ତ୍ୟ ରୂପମ୍
ଆଦିତ୍ୟ ବର୍ଣ୍ଣଂ ତମସଃ ପରସ୍ତାତ୍ ॥ (୮/୯)

୫. ଉର୍ଦ୍ଧ୍ୱ ମୂଳମ୍ ଅଧଶାଖଃ ଅଶ୍ୱତ୍ଥଂ ପ୍ରାହୁରବ୍ୟୟଂ
ଛନ୍ଦାଂସି ଯସ୍ୟପର୍ଣ୍ଣାନି ଯସ୍ତଂ ବେଦ ସ ବେଦବିତ୍ ॥ (୧୫/୧)

୬. ସର୍ବସ୍ୟଚାହଂ ହୃଦିସନ୍ନିବିଷ୍ଟୋ
ମତ୍ତଃସ୍ମୃତିର୍ଜ୍ଞାନମ୍ ଅପୋହନଞ୍ଚ
ବେଦୈଶ୍ଚ ସର୍ବ ରହମେବ ବେଦ୍ୟୋ
ବେଦାନ୍ତକୃତ୍ ବେଦବିଦେବଚାହମ୍ ॥ (୧୫/୫)

୭. ମନ୍ମନା ଭବ ମଭକ୍ତୋ ମଦ୍ୟାଜୀ ମାଂ ନମସ୍କୁରୁ
ମାମେବୈଷ୍ୟସି ସତ୍ୟଂ ତେ ପ୍ରତିଜାନେ ପ୍ରିୟୋଽସି ମେ ॥ (୧୮/
୬୫)

- o -

# ସପ୍ତଶ୍ଲୋକୀ ଗୀତା

## ପଦ୍ୟାନୁବାଦ

୧. **ଅଷ୍ଟମ ଅଧ୍ୟାୟ (ରସକୂଲ୍ୟା)**

ସର୍ବ ଇନ୍ଦ୍ରିୟ ଦ୍ୱାର କରି ରୁଦ୍ଧ    ମନକୁ ହୃଦୟେ କରି ନିରୋଧ
ପ୍ରାଣକୁ ମସ୍ତକେ କରି ସ୍ଥାପିତ    ଯୋଗଧାରଣାରେ ରହିଲେ ସ୍ଥିତ
ଓଁ ଏକାକ୍ଷର ବ୍ରହ୍ମେ ଯେ,
ମନେ ଜପି ମୋତେ ଚିନ୍ତି ଚାଲିଗଲେ ପରମଗତିକୁ ଲଭେ ଯେ ॥ (୧୨/୧୩)

୨. **ଏକାଦଶ ଅଧ୍ୟାୟ (ବଙ୍ଗଳାଶ୍ରୀ)**

ସିଦ୍ଧଗଣ ସହ ସରବେ ତୁମକୁ ନମସ୍କାର କରୁଛନ୍ତି
ତୁମ ନାମଗୁଣ ଲୀଳା କୀର୍ତ୍ତନରେ ଅନୁରକ୍ତ ହେଉଛନ୍ତି ।
ତୁମ କୀର୍ତ୍ତନରେ ଏ ସାରା ଜଗତ ହୋଏ ଯଥାର୍ଥ ହରଷ
ଭୟଭୀତ ହୋଇ ପଳାଉ ଅଛନ୍ତି ଦଶଦିଗରୁ ରାକ୍ଷସ ॥ (୩୬)

୩. **ତ୍ରୟୋଦଶ ଅଧ୍ୟାୟ (ନଳିନୀ ଗୌଡ଼ା)**

ସେ ପରମାତ୍ମାଙ୍କ ସବୁସ୍ଥାନେ ହସ୍ତ
ପଦ ଶିର ମୁଖ କର୍ଣ୍ଣ ନେତ୍ର
ରହିଛି ସେ ଭବେ ସ୍ଥିତ ହୋଇଛନ୍ତି
ସକଳ ଜଗତ କରି ବ୍ୟାପ୍ତ ॥ (୧୩)

୪. **ଅଷ୍ଟମ ଅଧ୍ୟାୟ (ରସକୂଲ୍ୟା)**

ସର୍ବଜ୍ଞ ଅନାଦି ଅନୁଶାସକ    ସୂକ୍ଷ୍ମାତିସୂକ୍ଷ୍ମ ଧାରକ ପୋଷକ
ଅଚିନ୍ତ୍ୟ ସ୍ୱରୂପ ଅଟଇ ଯିଏ    ଆଦିତ୍ୟ ସମ ପ୍ରକାଶିତ ହୁଏ
ଅବିଦ୍ୟାରୁ ଅତିପର ଯେ
ସେହି ସଚ୍ଚିଦାନନ୍ଦ ପରମାତ୍ମାକୁ ସର୍ବଦା ସ୍ମରଣ କର ॥ (୯/୧୦)

**୫. ପଞ୍ଚଦଶ ଅଧ୍ୟାୟ (ଚିନ୍ତା କାମୋଦୀ)**

ସଂସାର ଅଶ୍ୱତ୍ଥ ବୃକ୍ଷ ମୂଳଗୋଟି ଉପରେ
କୁହାଯାଏ ଶାଖା ଯା'ର ତଳ ଆଡେ ବ୍ୟାପେରେ।
ବେଦଗଣ ଯା'ର ପତ୍ର ଅବ୍ୟୟ ଯେ ଅଟଇ
ଏ ବୃକ୍ଷକୁ ଜାଣେ ଯିଏ ବେଦଜ୍ଞ ସେ ବୋଲାଇ ॥ (୧)

**୬. ପଞ୍ଚଦଶ ଅଧ୍ୟାୟ (ଚିନ୍ତା କାମୋଦୀ)**

ସକଳ ପ୍ରାଣୀ ମଧ୍ୟରେ ମୁହିଁ ତ ବିରାଜଇ
ମୋ'ଠାରୁ ହିଁ ସ୍ମୃତି ଜ୍ଞାନ ଅପୋହନ ହୁଅଇ
ମୁଁ ସକଳ ବେଦରେ ଜାଣିବା ଯୋଗ୍ୟ ବିଷୟ
ମୁଁ ବେଦାନ୍ତ କର୍ତ୍ତା ବେଦଜ୍ଞାତା ଅଟଇ ସ୍ୱୟଂ ॥ (୧୫)

**୭. ଅଷ୍ଟାଦଶ ଅଧ୍ୟାୟ (କଳସା)**

ମୋର ଭକ୍ତ ହୁଅ ମୋ'ଠି ମନ କର ସ୍ଥିର
ମୋ ପୂଜକ ହୁଅ ମୋତେ କର ନମସ୍କାର।
ତୁମେ ଅତିପ୍ରିୟ ଯେଣୁ ମୋ ପ୍ରତିଜ୍ଞା ସତ୍ୟ
ଏପରି କଲେହିଁ ମୋତେ ତୁମେ ହେବ ପ୍ରାପ୍ତ ॥ (୬୫)

- o -

# 'ଛାନ୍ଦ ଗୀତାମୃତ' ଟୀକା

**ପ୍ରଥମ ଅଧ୍ୟାୟ -**

୨ - ବ୍ୟୂହ - ବିଶେଷ ଭଙ୍ଗୀରେ ସୈନ୍ୟ ସଜ୍ଜା

୩ - ଦ୍ରୁପଦ ନନ୍ଦନ - ଧୃଷ୍ଟଦ୍ୟୁମ୍ନ

୫ - ଶୈବ୍ୟ - ଶିବି ରାଜାଙ୍କ ପୁତ୍ର

୬ - ସୌଭଦ୍ର - ଅଭିମନ୍ୟୁ

୭ - ଦ୍ରୌପଦେୟ - ଦ୍ରୌପଦୀଙ୍କ ପାଞ୍ଚ ପୁତ୍ର (ପ୍ରତିବିନ୍ଧ୍ୟ, ସୁତସୋମ, ଶ୍ରୁତକର୍ମା, ଶତାନୀକ, ଶ୍ରୁତସେନ)

୮ - ସୌମଦତ୍ତି - ଭୂରିଶ୍ରବା

୧୦ - ଅପର୍ଯ୍ୟାପ୍ତ - ଅଧିକରୁ କମ୍

ପର୍ଯ୍ୟାପ୍ତ - ବହୁ ଅଧିକ

୧୩ - ତୁମୂଳ - ପ୍ରଚଣ୍ଡ

୧୪ - ପାଣ୍ଡବ - ଅର୍ଜୁନ

୧୫ - ଭୀମକର୍ମା - ଭୟଙ୍କର ଯୋଦ୍ଧା

ବୃକୋଦର - ବୃକ ନାମକ ଅଗ୍ନି ଯାହା ଉଦରରେ ଅଛି, ଭୀମସେନ

୨୩ - ମିତ୍ରବହି - ମିତ୍ର ଭାବରେ

୨୪ - ଉକତ - ବାକ୍ୟ

୨୬ - ପ୍ରପୌତ୍ର - ଅଣନାତି

୩୬ - ଆତତାୟୀ - ସ୍ତ୍ରୀ, ଭୂମି, ଧନ ଅପହରଣକାରୀ ଓ ଶସ୍ତ୍ର, ବିଷ, ନିଆଁ ଦ୍ୱାରା ହତ୍ୟାକାରୀ

୪୧ - ବର୍ଣ୍ଣ ସଂକର - ଦୁଇଟି ପୃଥକ୍ ବର୍ଣ୍ଣର ମିଶ୍ରଣରୁ ଜାତ

୪୨ - ଉଦକ - ପାଣି

୪୬ - ରଣ - ଯୁଦ୍ଧ

**ଦ୍ୱିତୀୟ ଅଧ୍ୟାୟ -**

୧ - ଅବରୁଦ୍ଧ - ବନ୍ଦ ହୋଇଥିବା

୩ - କ୍ଲୀବ - ନପୁଂସକ

ପରନ୍ତପ - ପରମ ତପସ୍ୱୀ

୪ - ଅରିସୂଦନ - ଶତ୍ରୁହନ୍ତା

୮ - ଇନ୍ଦ୍ରିୟଶୁଷ୍କ - ଇନ୍ଦ୍ରିୟ କ୍ଷୀଣକାରୀ

୧୧ - ଅଶୋଚ୍ୟେ - ଶୋକ ଅଯୋଗ୍ୟ ବିଷୟରେ

୧୩ - ଯେହ୍ନେ - ଯେପରି

ତେହ୍ନେ - ସେପରି

ଧୀର - ବୁଦ୍ଧିମାନ

୧୪ - ଅନିତ୍ୟ - ସଦାସର୍ବଦା ରହୁ ନ ଥିବା

୧୮ - ଶରୀରୀ - ଆତ୍ମା, ଦେହୀ

ଅପ୍ରମେୟ - ପ୍ରମାଣ ଅଯୋଗ୍ୟ

ନଶ୍ୱର - ନାଶଶୀଳ

୨୦ - ସନାତନ - ଯାହାର ଆଦି ଅନ୍ତ କେହି ଜାଣନ୍ତି ନାହିଁ

୨୪ - ଅକ୍ଲେଦ୍ୟ - ଯାହାକୁ ଭିଜା ଯାଇପାରେନି

ସ୍ଥାଣୁ - ଅପରିବର୍ତ୍ତିତ

ସର୍ବଗତାତ୍ମା - ସମସ୍ତଙ୍କ ଭିତରେ ଥିବା ଚେତା ପୁରୁଷ

୩୯ - ସାଂଖ୍ୟଯୋଗ - ଜ୍ଞାନ କର୍ମ

୪୧ - ସ୍ଥିରବୁଦ୍ଧି - ଭଗବତ ବୁଦ୍ଧି

୪୫ - ତ୍ରିଗୁଣ - ସତ୍ତ୍ୱ, ରଜ, ତମ

ନିର୍ଯୋଗ - କର୍ମାସକ୍ତିରେ ଲିପ୍ତ ନ ହେବା

ଯୋଗକ୍ଷେମ - ଅପ୍ରାପ୍ତ ବସ୍ତୁର ପ୍ରାପ୍ତି - ଯୋଗ ଓ ପ୍ରାପ୍ତ ବସ୍ତୁର ସୁରକ୍ଷା - କ୍ଷେମ

୪୬ - ଉଦପା - ଅତିଛୋଟ ଜଳାଶୟ

ରାଗ - ଅନୁରାଗ, ଭଲପାଇବା

ଦ୍ୱେଷ - ଭଲ ନପାଇବା, ଘୃଣା

୪୯ - ସମବୁଦ୍ଧି - ସମସ୍ତ ପରିସ୍ଥିତିରେ ସମାନ ଆଚରଣ

୫୪ - ସ୍ଥିତପ୍ରଜ୍ଞ - ସ୍ଥିର ପ୍ରଜ୍ଞାଯୁକ୍ତ

୫୯ - ରସବୁଦ୍ଧି - ଲାଳସା

୬୪ - ବଶୀଭୂତ - ନିୟନ୍ତ୍ରିତ

୬୮ - ନିଗୃହୀତ - ବିମୁଖ

୭୨ - ବ୍ରାହ୍ମୀସ୍ଥିତି - ବ୍ରହ୍ମରେ ସ୍ଥିରହେବା

**ତୃତୀୟ ଅଧ୍ୟାୟ -**

୩ - ଅନଘ - ନିଷ୍ପାପ

୯ - ଯଜ୍ଞ - କର୍ତ୍ତବ୍ୟ କର୍ମ

୧୨ - ଯଜ୍ଞପୁଷ୍ଟ ଉଚିତ୍ କର୍ମଦ୍ୱାରା ସନ୍ତୁଷ୍ଟ

ଇଷ୍ଟବସ୍ତୁ - ଈପ୍ସିତ ବସ୍ତୁ

୧୫ - ସର୍ବଗତ - ସମସ୍ତଙ୍କ ଭିତରେ ଥିବା

୧୬ - ପାପାୟୁ - ପାପି

୧୭ - ଆତ୍ମରତ - ନିଜ ମଧ୍ୟରେ ପ୍ରେମରେ ମଜ୍ଜିରହୁଥିବା

ଆତ୍ମତୃପ୍ତ - ନିଜକୁ ନେଇ ସନ୍ତୁଷ୍ଟ

୧୯ - ସତତ - ଆପଣାଛାଏଁ

୨୩ - ସର୍ବଥା - ସବୁବେଳେ ଓ ସବୁ ସ୍ଥାନରେ

୩୧ - ଅନସୂୟ - ଈର୍ଷା କରୁନଥିବା ଓ ଅସହିଷ୍ଣୁ ହେଉ ନ ଥିବା

୩୩ - ନିଗ୍ରହ - ନିୟନ୍ତ୍ରଣ

୩୪ - ପରମାର୍ଥ - ପରମାତ୍ମା ସମ୍ବନ୍ଧୀୟ

୩୯ - ଅପ୍ରଶମନ - ପ୍ରଶମିତ ନହେଉଥିବା

୪୦ - ଦଶ ଇନ୍ଦ୍ରିୟ - ବାକ୍, ପାଦ, ପାଣି, ପାୟୁ, ଉପସ୍ଥ, ଚକ୍ଷୁ, ନାସା, କର୍ଣ୍ଣ, ଜିହ୍ୱା, ଚର୍ମ

**ଚତୁର୍ଥ ଅଧ୍ୟାୟ -**

୮ - ପରିତ୍ରାଣ - ଉଦ୍ଧାର

୧୩ - ଚାରିବର୍ଣ୍ଣ - ବ୍ରାହ୍ମଣ, କ୍ଷତ୍ରିୟ, ବୈଶ୍ୟ, ଶୂଦ୍ର

୧୬ - ବିକର୍ମ - ବିପରୀତ କର୍ମ

୨୧ - ଚିତ୍ତାତ୍ମା ସଂଯମୀ - ଅନ୍ତକରଣକୁ ସଂଯତ କରିଥିବା ସାଧକ

୨୬ - ପଞ୍ଚ ତନ୍ମାତ୍ରା - ଶବ୍ଦ, ସ୍ପର୍ଶ, ରୂପ, ରସ, ଗନ୍ଧ

ପଞ୍ଚ ଇନ୍ଦ୍ରିୟ - ଚକ୍ଷୁ, ନାସା, କର୍ଣ୍ଣ, ଜିହ୍ୱା, ଚର୍ମ (ଜ୍ଞାନେନ୍ଦ୍ରିୟ)

ହସ୍ତ, ପଦ, ମୁଖ, ମଳଦ୍ୱାର, ମୂତ୍ରଦ୍ୱାର (କର୍ମେନ୍ଦ୍ରିୟ)

ଶ୍ରୋତ୍ରାଦି - କାନ ଆଦି ପଞ୍ଚ ଜ୍ଞାନେନ୍ଦ୍ରିୟ

୨୭ - ଇନ୍ଦ୍ରିୟ କ୍ରିୟା - ଆସକ୍ତ କର୍ମ

ପ୍ରାଣକ୍ରିୟା - ପ୍ରାଣାୟମ

୨୯ - ଅପାନ - ଯେଉଁ ବାୟୁ ଶରୀରସ୍ଥ ବସ୍ତୁକୁ ବାହାରକୁ ଠେଲିଥାଏ

୩୦ - ନିୟତ ଆହାରୀ - ଉଚିତ୍ ସମୟରେ ଉଚିତ୍ ପରିମାଣର ଉଚିତ୍ ଖାଦ୍ୟ ଖାଉଥିବା ଲୋକ

୩୩ - ଅନଘ - ନିଷ୍ପାପ

ଅଖିଳ - ସମଗ୍ର

୪୦ - ସଂଶୟାତ୍ମା - ସନ୍ଦେହୀ

**ପଞ୍ଚମ ଅଧ୍ୟାୟ -**

୩ - ଦ୍ୱନ୍ଦ୍ୱାତୀତ - ଦୁଇରୁ ଅତିକ୍ରାନ୍ତ

୫ - ସାଂଖ୍ୟ - ଜ୍ଞାନ, ସନ୍ନ୍ୟାସ

ଯୋଗ - ଈଶ୍ୱରାର୍ପିତ କର୍ମ

୧୨ - ନଇଷ୍ଠିକୀ - ଅଖଣ୍ଡ ନିଷ୍ଠା

୧୩ - ନବଦ୍ୱାର - ଦୁଇ ଚକ୍ଷୁ, ଦୁଇ କର୍ଣ୍ଣ, ଦୁଇ ନାସା, ମୁଖ ଗହ୍ୱର, ମଳଦ୍ୱାର, ମୂତ୍ରଦ୍ୱାର

୧୬ - ପରମେ - ପରମାତ୍ମାଙ୍କୁ

୧୭ - ତଦବୁଦ୍ଧି - ଭଗବତ୍ ବୁଦ୍ଧି

ତଦାତ୍ମା - ଭଗବତ୍ ମନସ୍କ

ତନ୍ନିଷ୍ଠା - ଭଗବତ୍ ନିଷ୍ଠା

ଅପୁନରାବୃତ୍ତି - ଅଫେରା

୨୧ - ଅନ୍ତକରଣ - ମନ, ବୁଦ୍ଧି, ଚିତ୍ତ, ଅହଂକାର

ବାହ୍ୟସୁଖେ - ଭୌତିକ ଭୋଗ ବିଳାଶରେ

୨୪ - ଅନ୍ତର୍ଜ୍ୟୋତି - ନିଜ ମଧସ୍ଥ ଆତ୍ମାର ପ୍ରକାଶ

ଅନ୍ତର୍ସୁଖ - ନିଜ ଭିତରର ସୁଖାନୁଭୂତି

ଅନ୍ତରାତ୍ମା - ନିଜ ଅନ୍ତର ସ୍ଥିତ ପରମ ଶକ୍ତି

ବ୍ରହ୍ମନିର୍ବାଣ - ପରମାତ୍ମାରେ ମିଶି ଯିବା

୨୬ - ଜିତମନା - ମନକୁ ଜୟ କରିଥିବା ସାଧକ

୨୭ - ନଶ୍ୱର - ନାଶଶୀଳ

୨୯ - ମହେଶ୍ୱର - ନିର୍ଣ୍ଣୟ ଓ ଅନୁଶାସନ କର୍ତ୍ତା ଈଶ୍ୱର

ସୁହୃଦ୍ - ପ୍ରିୟ ହିତକାରୀ

**ଷଷ୍ଠ ଅଧ୍ୟାୟ -**

୨ - ଆରୁଢ଼ - ଆରୋହଣ

ଶମ - ପ୍ରଶମନ

୬ - ଆତ୍ମାକୁ - ଜୀବାତ୍ମାକୁ

୭ - ଶୀତ-ଉଷ୍ଣେ - ଅନୁକୂଳ ଓ ପ୍ରତିକୂଳ ପରିସ୍ଥିତିରେ

କୂଟ - ନେହି (ଆଧାର)

୯ - ଅପରିଗ୍ରହୀ - ଅଧିକ ଗ୍ରହଣ ନକରିବା ଲୋକ

ଉଦାସୀନ - ଅନାଗ୍ରହୀ

୧୧ - ନାତିନୀଚ - ନ ଅତି ନୀଚ

ନାତିଉଚ୍ଚ - ନ ଅତି ଉଚ୍ଚ

୧୩ - ନିବେଷ୍ଟି - ନିବେଶ କରି

୧୫ - ନିୟତମନା - ମନକୁ ସଂଯତ କରିଥିବା ଲୋକ

ବିଦ୍ଧି - ଜାଣ

ଅନିଦ୍ର - ନିଦ୍ରାହୀନ

୧୯ - ନିଷ୍ପନ୍ଦ - ସାମାନ୍ୟ ହଲୁନଥିବା

୨୧ - ଅତିନ୍ଦ୍ରିୟ - ଇନ୍ଦ୍ରିୟାତୀତ

ଆତ୍ୟନ୍ତିକ - ସର୍ବଶ୍ରେଷ୍ଠ

୨୫ - ଉପରତ - ନିବୃତ

୨୯ - ଅନ୍ତକରଣୀ - ମନ, ବୁଦ୍ଧି, ଚିତ୍ତ, ଅହଂକାର

୩୩ - ପ୍ରମଥନ - ମନ୍ଥନ ବା ଘାଣ୍ଟିବା

ନିଗ୍ରହ - ନିୟନ୍ତ୍ରଣ

୩୭ - ବିଭ୍ରଷ୍ଟ - ବିଶେଷ ଭାବେ ବିଚ୍ୟୁତ

୩୯ - ଯୋଗଭ୍ରଷ୍ଟ - ଯୋଗକର୍ମରୁ ବିଚ୍ୟୁତ

୪୩ - ଅନାୟାସରେ - ସହଜରେ

୪୪ - ବେଦ - ଜ୍ଞାନ

**ସପ୍ତମ ଅଧ୍ୟାୟ -**

୧ - ଅଧ୍ୟାତ୍ମ - ଜୀବ ଆତ୍ମା ସମ୍ବନ୍ଧୀୟ

ଅଧିଭୂତ - ସଂସାର

ଅଧିଦୈବ - ବ୍ରହ୍ମା

ଅଧିଯଜ୍ଞ - ପରମାତ୍ମା

୫ - ପରା ପ୍ରକୃତି - ଜଡ ପ୍ରକୃତି

୬ - ଅପରା ପ୍ରକୃତି - ଚେତନ ପ୍ରକୃତି

ପ୍ରଭବ - ସୃଷ୍ଟି

୭ - ଓତପ୍ରୋତ - ଅଙ୍ଗାଙ୍ଗୀ ଭାବେ ଜଡିତ

୧୧ - ଭରତଶ୍ରେଷ୍ଠ - ଭରତବଂଶର ଶ୍ରେଷ୍ଠ ଦାୟାଦ ଅର୍ଜୁନ

୧୪ - ଗୁଣମୟୀ - ତ୍ରିଗୁଣଯୁକ୍ତ

ଦୁସ୍ତର - ଯାହାକୁ ତରିବା କଠିନ

୧୬ - ଅର୍ଥାର୍ଥୀ - ସାଂସାରିକ ବସ୍ତୁ ଇଚ୍ଛୁକ

୧୭ - ଅନନ୍ୟ - ଅନ୍ୟଠାରୁ ଅଲଗା

୧୮ - ଯୁକ୍ତାତ୍ମା - ଯୋଗୀ

୨୫ - ସମାବୃତ - ସମ୍ପୂର୍ଣ୍ଣ ଭାବରେ ଘୋଡେଇ ହୋଇଥିବା

୩୦ - ଅଧିଯଜ୍ଞ - ପରମାତ୍ମା

ଅଧିଦୈବ - ସୃଷ୍ଟିକର୍ତ୍ତା ବିଧାତା

ଅଧିଭୂତ - ପ୍ରାଣୀ ସମେତ ସକଳ ସୃଷ୍ଟି

**ଅଷ୍ଟମ ଅଧ୍ୟାୟ -**

୫ - ବିଭାବିତ - ବିଶେଷ ଭାବରେ ଭାବିଥିବା

୯ - ଅବିଦ୍ୟା - ଅଜ୍ଞାନତା, ମାୟା

ସଚ୍ଚିଦାନନ୍ଦ - ସତ୍, ଚିତ୍ ଓ ଆନନ୍ଦ ସ୍ୱରୂପ ପରମାତ୍ମା

ଅତିପର - ଶ୍ରେୟତମ

୧୦ - ଭ୍ରୂକୁଟି/ମସ୍ତକ - ଦୁଇ ଭ୍ରୂଲତା ମଧ୍ୟରେ ଚାରି ଆଙ୍ଗୁଳି ମୁଣ୍ଡ ଭିତରକୁ ଥିବା ସ୍ଥାନ

୧୪ - ଅଶାଶ୍ୱତ - କ୍ଷଣ ଭଙ୍ଗୁର

ଦୁଃଖାଳୟେ - ଦୁଃଖ ରୂପକ ଘରେ

୧୬ - ଏକସସ୍ର/ ସସ୍ର - ଏକ ହଜାର

୨୪ - ବ୍ରହ୍ମବେତ୍ତା - ବ୍ରହ୍ମକୁ ଜାଣିବା ସାଧକ

୨୫ - ସକାମୀ - କାମନାଯୁକ୍ତ ଲୋକ

**ନବମ ଅଧ୍ୟାୟ -**

୧୩ - ଅବ୍ୟୟ - ଯାହା କମ୍ ହୁଏ ନାହିଁ

ଅକ୍ଷୟ - ଯାହା ନଷ୍ଟ ହୁଏ ନାହିଁ

୧୬ - କ୍ରତୁ - ବୈଦିକ କର୍ମ

ଯଜ୍ଞ - ପୌରାଣିକ କର୍ମ

ସ୍ୱଧା - ପିତୃପୁରୁଷଙ୍କୁ ଅର୍ପିତ ପିଣ୍ଡ
ହବନ - ହୋମ ଆହୂତି
ଔଷଧ - ଶାକଲ୍ୟ
ଜ୍ଞେୟ - ଜାଣିବା ଯୋଗ୍ୟ ବିଷୟ
ଧାତା - ଧାରଣକାରୀ
ଭର୍ତ୍ତା - ଭରଣ ପୋଷଣକାରୀ
ନିବାସ - ମୂଳ ବାସସ୍ଥାନ
ନିଧାନ - ଭଣ୍ଡାର
ସୁହୃଦ୍ - ପ୍ରିୟ ହିତୈଷୀ
ଶରଣ୍ୟ - ଶରଣ ଯୋଗ୍ୟ
୨୦ - ତ୍ରିବେଦ - ଋକ୍, ଯଜୁ, ଅଥର୍ବ ବେଦ
୩୧ - ସମ୍ଭୁତ - ସୃଷ୍ଟ

**ଦଶମ ଅଧ୍ୟାୟ -**

୪ - ଅସମ୍ମୋହ - ମୋହିତ ନହେବା
ଶମ - ପ୍ରଶମନ
ଦମ - ଦମନ କରିବା
୬ - ଚତୁଃସନକ - ସନକ, ସନତକୁମାର, ସନାତନ, ସନନ୍ଦନ,
ସପ୍ତର୍ଷି - ମରିଚୀ, ଅଙ୍ଗିରା, ଅତ୍ରି, କ୍ରତୁ, ପୁଲହ, ପୁଲସ୍ତ୍ୟ, ବଶିଷ୍ଠ
ଚଉଦ ମନୁ - ସ୍ୱାୟମ୍ଭୁବ, ରୈବତ, ଚାକ୍ଷୁଷ, ତାମସ, ଉତ୍ତମ, ବୈବସ୍ୱତ, ସାବର୍ଣ୍ଣି
ଆଦି ୧୪ ଜଣ ମନୁ
୯ - ରମଇ - ରମଣ କରେ
୧୩ - ବିଭୂ - ପ୍ରଭୂ, ସ୍ୱାମୀ
ଭୂତେଶ - ପ୍ରାଣୀମାନଙ୍କ ପ୍ରଭୁ
ଭୂତଭାବନ - ପ୍ରାଣୀ ସ୍ରଷ୍ଟା
୧୯ - କତି - ପାଖରେ
୨୩ - ବସୁ - ଦେବତା
ସ୍କନ୍ଦ - କାର୍ତ୍ତିକ
୨୭ - ଅମୃତୋଭବ - ଅମୃତ ସୃଷ୍ଟିକାରୀ
୩୦ - ବାଦ - ତର୍କ

**ଏକାଦଶ ଅଧ୍ୟାୟ -**

୧ - ଗୁହ୍ଯ - ଗୁପ୍ତ ଓ ରହସ୍ୟମୟ

୬ - ଅଷ୍ଟବସୁ - ଧର, ଧ୍ରୁବ, ଅହଃ, ଅନିଳ, ସୋମ, ଅଗ୍ନି, ପ୍ରତ୍ୟୂଷ, ପ୍ରଭାସ
ଏକାଦଶ ରୁଦ୍ର - ହର, ବହୁରୂପ, ତ୍ରୟମ୍ବକ, ଅପରାଜିତ, ବୃଷାକପି, ଶମ୍ଭୁ, କପର୍ଦ୍ଦି, ରୈବତ, ମୃଗବ୍ୟାଧ, ଶର୍ବ, କପାଳୀ
ଦ୍ୱାଦଶ ଆଦିତ୍ୟ - (ଅଦିତିଙ୍କ ପୁତ୍ର - ଧାତା, ମିତ୍ର, ଅର୍ଯ୍ୟମା, ଶକ୍ର, ବରୁଣ, ଅଂଶ, ଭଗ, ବିବସ୍ୱାନ, ପୂଷା, ସବିତା, ତ୍ୱଷ୍ଟା, ବିଷ୍ଣୁ)
ଅଣଚାଶ ବାୟୁ - ସତ୍ୟ, ଧ୍ରୁବ, ଧର୍ତ୍ତା, କୃତ, ଧ୍ୱାନ୍ତ, ଧୂନି ଆଦି ବାୟୁ ସମୂହ

୧୧ - ବିଶ୍ୱତୋମୁଖ - ସର୍ବଗ୍ରାସୀ

୧୫ - ଅପ୍ରମେୟ - ପ୍ରମାଣ ଅଯୋଗ୍ୟ

୧୭ - ପଦ୍ମାସୀନ - ପଦ୍ମରେ ବସିଥିବା

୨୫ - ସ୍ଥାବର - ଯାହା ଚଳମାନ୍ ନୁହେଁ

୨୭ - ଆୟୁଧେ - ଅସ୍ତ୍ରରେ

୨୯ - ଅର୍ଯ୍ୟମା - ଆଦିତ୍ୟ

୩୦ - ବାଦ - ଯୁକ୍ତି ପ୍ରମାଣ

୩୩ - ସବ୍ୟସାଚୀ - ବାମ ହାତରେ ଧନୁ ଚଳାଇ ପାରୁଥିବା ଅର୍ଜୁନ

୩୫ - ଶ୍ରୁତି - ବେଦ

୪୦ - ଅମିତବିକ୍ରମ - ପ୍ରଚଣ୍ଡ ପରାକ୍ରମୀ

୫୦ - ସୌମ୍ୟବପୁ - କମନୀୟ ଶରୀର

**ଦ୍ୱାଦଶ ଅଧ୍ୟାୟ -**

୩ - ଧ୍ରୁବ - ସୁନିଶ୍ଚିତ
ଉଦାସ - ଅନାଗ୍ରହୀ
ଅନପେକ୍ଷ - କିଛି ବି ଅପେକ୍ଷା ରଖୁ ନ ଥିବା ଲୋକ

୭ - ଅଚିରେ - ଅବିଳମ୍ବେ

୧୩ - ଅଦ୍ୱେଷୀ - ଯିଏ ଘୃଣା ଓ ଭେଦଭାବ କରେ ନାହିଁ

୧୫ - ଉଦ୍‌ବେଗ - ଭୟଭୀତ

୧୭ - ଅଶୋକମନା - ଦୁଃଖ ନକରୁଥିବା ବ୍ୟକ୍ତି

୧୯ - ଅନିକେତ - ଗୃହରେ ଅନାସକ୍ତ

**ତ୍ରୟୋଦଶ ଅଧ୍ୟାୟ -**

୧ - କ୍ଷେତ୍ର - ପ୍ରାଣୀ ଶରୀର

କ୍ଷେତ୍ରଜ୍ଞ - ଆତ୍ମା

୩ - ବିକାର - ପରିବର୍ତ୍ତନ

୫ - ପଞ୍ଚ ମହାଭୂତ - ଭୂମି, ଜଳ, ଅଗ୍ନି, ବାୟୁ, ଆକାଶ

୬ - ଧୃତି - ଧୈର୍ଯ୍ୟ

ସଂଘାତ - ବାଧା, ଦୁଃଖ

ଆର୍ଜବ - ସରଳପଣ

୧୦ - ଅବ୍ୟଭିଚାରିଣୀ - ଏକ ପରମାତ୍ମାମୁଖୀ

୨୦ - କାର୍ଯ୍ୟ - ପଞ୍ଚଭୂତ ଓ ପଞ୍ଚତନ୍ମାତ୍ରା

କରଣ - ଦଶ ଇନ୍ଦ୍ରିୟ ଓ ମନ, ବୁଦ୍ଧି, ଅହଂକାର

୨୧ - ପ୍ରକୃତିଜ - ତ୍ରିଗୁଣାତ୍ମିକା ପ୍ରକୃତିରୁ ଜାତ

୨୨ - ଉପଦ୍ରଷ୍ଟା - ସାକ୍ଷୀ

ଅନୁମନ୍ତା - ଯିଏ ଅନୁମତି ଦିଅନ୍ତି

ଭର୍ତ୍ତା - ଭରଣ ପୋଷଣକାରୀ

ଭୋକ୍ତା - ଭୋଗକରିବା ପୁରୁଷ

୨୫ - ଉପାସନା - ପାଖରେ ବସି ପୂଜା କରିବା

**ଚତୁର୍ଦ୍ଦଶ ଅଧ୍ୟାୟ -**

୨ - ମହାସର୍ଗେ - ସୃଷ୍ଟି ରଚନା କାଳରେ

ମହତ୍ ବ୍ରହ୍ମ - ପରମବ୍ରହ୍ମ

୫ - ଦେହୀ - ଆତ୍ମା

୮ - ପ୍ରମାଦ - ହାହୁତାଶ

୧୩ - ଅପ୍ରବୃତ୍ତି - ମନ ନ ବଳିବା

ଅପ୍ରକାଶ - ଅଜ୍ଞାନ ଅନ୍ଧାର

୨୩ - ଅଚେଷ୍ଟ - ଅଧିକ ଚେଷ୍ଟା ନ କରିବା ଲୋକ

୨୭ - ଐକାନ୍ତିକ ସୁଖ - ବ୍ରହ୍ମାନନ୍ଦ

**ପଞ୍ଚଦଶ ଅଧ୍ୟାୟ -**

୮ - ଆଶୟ - ଆଧାର, ଭଣ୍ଡାର

୧୨ - ହୁତାଶନ - ଅଗ୍ନି

୧୩ - ରସମୟ - ଅମୃତମୟ

୧୪ - ପଞ୍ଚବାୟୁ - ପ୍ରାଣ, ଅପାନ, ସମାନ, ଉଦାନ, ବ୍ୟାନ

୧୫ - ଅପୋହନ - ସଂଶୟ ମୁକ୍ତ ଭାବ

**ଷୋଡ଼ଶ ଅଧ୍ୟାୟ -**

୧ - ସ୍ୱାଧ୍ୟାୟ - ଆତ୍ମା ବିଷୟକ ଅଧ୍ୟୟନ, ସଦ୍‌ଗ୍ରନ୍ଥ ଅଧ୍ୟୟନ
ଅଚପଳତା - ସ୍ଥିରତା

୨ - ଅବୈରତା - ଅଶତ୍ରୁତା ଭାବ

୯ - ଉଗ୍ରକର୍ମେ - ଦୁଷ୍ଟ କର୍ମରେ

୧୨ - ଆଶା ପାଶରେ - ଆଶା ରୂପକ ଫାସରେ

୨୨ - ତମଦ୍ୱାର - ତାମସିକ ଦୁଆର

**ସପ୍ତଦଶ ଅଧ୍ୟାୟ -**

୧୦ - ଉଚ୍ଛିଷ୍ଟ -ଅଇଁଠା
ଅମେଧ୍ୟ - ଅପବିତ୍ର, ଅଖାଦ୍ୟ

୧୭ - ତ୍ରିବିଧ ତପ - ତିନି ପ୍ରକାର ତପ
ସତ୍କାର - ସେବା

୧୯ - ଦୁରାଗ୍ରହ - ଦୁଷ୍ଟ କର୍ମରେ ମନ

୨୭ - ତଦର୍ଥ - ତା'ପାଇଁ, ପରମାତ୍ମା ପାଇଁ

**ଅଷ୍ଟାଦଶ ଅଧ୍ୟାୟ -**

୨ - କାମ୍ୟକର୍ମ - ଆଶା କରୁଥିବା କର୍ମ

୫ - ମନୀଷୀଗଣ - ମହାତ୍ମାଗଣ

୧୦ - ଅକୁଶଳ କର୍ମ - କଷ୍ଟକର ବା ଅସଫଳ କାର୍ଯ୍ୟ

୧୪ - ଅଧିଷ୍ଠାନ - ମୂଳପିଣ୍ଡ, ଯାହାକୁ ଆଧାର କରି କାର୍ଯ୍ୟ କରାଯାଏ
କରଣ - ଉପକରଣ

୧୬ - ପଞ୍ଚହେତୁ - ଅଧିଷ୍ଠାନ, କର୍ତ୍ତା, କରଣ, ଚେଷ୍ଟା ଓ ଦଇବ

୧୮ - ପରିଜ୍ଞାତା - ସଂପୂର୍ଣ୍ଣ ଜାଣିବା ଲୋକ

୨୩ - କର୍ତ୍ତୃତ୍ୱାଭିମାନ - କର୍ତ୍ତାପଣ

୨୮ - ଦୀର୍ଘସୂତ୍ରୀ - ଅଧିକ ଶୋଇବା ଲୋକ, ମଠୁଆ

୩୩ - ଧୃତି - ଧୈର୍ଯ୍ୟ

୩୫ - ଅହମିକା - ଅହଂଭାବ

୩୬ - ପ୍ରସାଦ - ପ୍ରସନ୍ନତା, ଆନନ୍ଦ

୪୫ - ସମ୍ୟକ ସିଦ୍ଧି - ସମ୍ପୂର୍ଣ୍ଣ ଓ ଶ୍ରେଷ୍ଠ ସିଦ୍ଧି

୪୬ - ପ୍ରବୃତ୍ତ - ପରିବ୍ୟାପ୍ତ

୪୭ - ସ୍ୱଭାବ-ନିୟତ - ନିଜ ପ୍ରକୃତି ଅନୁକୁଳ

୪୯ - ନୈଷ୍କର୍ମ୍ୟ - କର୍ମବନ୍ଧନ ମୁକ୍ତ

୫୦ - ପରାନିଷ୍ଠା - ପରମରେ ନିଷ୍ଠା

୫୭ - ମଦଗତ ଚିତ୍ତ - ମୋ ଚିନ୍ତନରେ ନିମଗ୍ନ

୭୬ - ମୁହୁର୍ମୁହୁ - ପ୍ରତି ମୁହୂର୍ତ୍ତରେ

- ୦ -

# ସୁମନାଞ୍ଜଳି

କାହିଁ !
ଏଯାଏ ତ ଶୁଭିଲାନି ବାଂଶୁରୀ,
ବାସିଲାନି ମହମହ ଚୂଆ ଚନ୍ଦନ
ଆଖିକି ଝଲସେଇ ଦେଲାନିତ ଦିବ୍ୟ ଆଭା !
ଅନୁଭବି ପାରିଲିନି ଲୋମଟାଙ୍କୁରା ଶିହିରଣର ମାଦକତା !
କ'ଣ ? ଆରଜନ୍ମକୁ ରଖିଦେଲ ପ୍ରଭୁ !
ଅପୂର୍ବ ସେ ଫରୁଆକୁ ?
ଖାଲି କଥାରେ କଥାରେ, ଲେଖାରେ, ପଢ଼ାରେ, ଶୁଣାରେ ସାରିଦେଲି
ତୁମେ ଦେଇଥିବା ସେ ସକଳ ଦିବ୍ୟତା !
ହଉ, ଛାଡ଼ !
ପୁଣି ଏଥରକ ବି ବରିନେବାକୁ ହେବ ଯୋଗଭ୍ରଷ୍ଟ ପ୍ରସ୍ଥାନ ।
ସେ ଦିବ୍ୟ କସ୍ତୁରୀ ଅନୁସରି ବହେ ଯା' ଭ୍ରମିଲି
ତୁମ ସତ୍ତା ଓ ସଂସାରର ମହାସମରରେ ସନ୍ତୁଳନ ହରେଇ ପଡ଼ିଗଲି ଅନେକ ପଛରେ ।
ଏବେ, ଅପେକ୍ଷା ଆର ଜନମକୁ
ଚଳିବ,
ତୁମ ଇଚ୍ଛା ପୂର୍ଣ୍ଣ ହେଉ ହେ ଇଚ୍ଛାମୟ ।
ଇହଜନ୍ମରେ କରୁଣା ପ୍ରଦତ୍ତ ତୁମର ଏ ସକଳ ବାଙ୍ମୟ ଚେତନାକୁ
ତୁମକୁ ହିଁ ଅର୍ପଣ କରୁଛି ।
"ତ୍ୱଦୀୟ ବସ୍ତୁ ଗୋବିନ୍ଦ ତୁଭ୍ୟମେବ ସମର୍ପୟେତ୍ ।"

**॥ ଇତି ॥**

**ରଞ୍ଜନ**

**ହରିଓଁ ତତ୍ ସତ୍ !**

- ୦ -

## BLACK EAGLE BOOKS

www.blackeaglebooks.org
info@blackeaglebooks.org

Black Eagle Books, an independent publisher, was founded as a nonprofit organization in April, 2019. It is our mission to connect and engage the Indian diaspora and the world at large with the best of works of world literature published on a collaborative platform, with special emphasis on foregrounding Contemporary Classics and New Writing.

www.ingramcontent.com/pod-product-compliance
Lightning Source LLC
Chambersburg PA
CBHW060609080526
44585CB00013B/743
*9781645608066*